VANNA VANNUCCINI

Liebe mit siebzig

VANNA VANNUCCINI

Liebe mit siebzig

Wie Frauen
die Lust neu entdecken

Aus dem Italienischen
von Sylvia Höfer

C. Bertelsmann

Die Originalausgabe erschien 2012
unter dem Titel »L'amore a settant'anni«
bei Feltrinelli, Mailand

Unter Mitarbeit von Patricia Clough

Verlagsgruppe Random House FSC-DEU-0100
Das für dieses Buch verwendete FSC®-zertifizierte Papier
EOS liefert Salzer Papier, St. Pölten, Austria.

1. Auflage
Copyright © 2012 by Vanna Vannuccini
Copyright © der deutschsprachigen Ausgabe 2013
beim C. Bertelsmann Verlag, München,
in der Verlagsgruppe Random House GmbH
Umschlag: buxdesign, München, unter Verwendung
eines Bildes von plainpicture, Foto: Hasengold
Satz: Uhl + Massopust, Aalen
Druck und Bindung: Friedrich Pustet, Regensburg
Printed in Germany
ISBN 978-3-570-10145-2

www.cbertelsmann.de

Für C.

Inhalt

Vorwort

Die Geburtsstunde dieses Buches schlug an einem Strand in der Toskana.

Zwei alte Freundinnen trafen sich wieder, zwei Kolleginnen, deren Leben ähnlich verlaufen war und die gemeinsam viele berufliche Abenteuer bestanden hatten. Während sie sich unterhielten, kamen sie auf ihnen bekannte Frauen aus verschiedenen Teilen der Welt zu sprechen, die im vorgerückten Alter unverhofft neue Erfahrungen mit Liebe und Sex machten. Altersfalten im Verein mit wiedererwachter Erotik, das war etwas Neues. Es löste eine Mischung aus Staunen und Ermutigung in ihnen aus und weckte auch ihre Neugier, zumal sie beide von Hause aus Journalistinnen waren. Sie fingen also an, mit ihren Freundinnen darüber zu sprechen, dann mit den Freundinnen ihrer Freundinnen, und über ein informelles Netz von Frauen ihres Alters machten sie schließlich eine erkleckliche Anzahl von Frauen ausfindig, die Sexualität und Liebe im reifen Alter noch intensiver erlebten als in ihrer Jugend.

So entstand die Idee zu diesem Buch. Natürlich hat es immer reife Frauen gegeben, die Liebesbeziehungen pflegten, doch das waren Einzelfälle. Heute stehen wir vor einem neuen Phänomen, einem neuen Kapitel weiblicher Lebenswirklichkeit. Denn darum handelt es sich. Auch wenn das Herz in jedem Alter schlägt und das schon immer so gewesen ist – heute ist vieles anders. Unser Leben währt länger, die erste Generation, die die sexuelle Befreiung der Sechzigerjahre durchlebt hat, ist inzwischen in der dritten Lebensphase angekommen, und vielleicht deshalb werden Frauen, die jetzt siebzig sind, wieder zu Vorkämpferinnen einer Revolution, bei der es um Sexualität und Gefühle geht. Diese Frauen haben gelernt, ihren Wert nicht mehr an den Blicken der Männer zu messen, und sind sich bewusst, dass sie etwas erleben, was vor ihnen nur wenige Frauen ihres Alters kannten.

Die Geschichten, die Sie in diesem Buch finden, sind alle wahr und von den Betreffenden persönlich erzählt, in einigen Fällen auch von Freundinnen aufgezeichnet worden. Unter den vielen Zeugnissen habe ich jene ausgewählt, die aufgrund der Lebenssituationen, der individuellen Charaktere und der sozialen Zugehörigkeit der Protagonistinnen ein breites Spektrum abdecken. Die meisten der befragten Frauen sind Akademikerinnen, aber ich habe auch viele getroffen, deren Bildung nicht über den Rahmen der gesetzlichen Schulpflicht hinausging, die sich jedoch fast alle in irgendeiner Phase ihres Lebens ökonomisch unabhängig gemacht hatten. Manchen sind wir zufällig begegnet: So stellte uns im Wartezimmer eines römischen Krankenhauses eine Fünfundsiebzigjährige ihren soeben angetrauten achtzigjährigen Ehemann vor, den sie in einer Senioren-Tanzgruppe kennengelernt hatte. Eine knapp achtzigjährige Dame aus Apulien erzählte uns, dass sie nach fünfzig Jahren und nachdem sie in vielen Teilen der Welt für eine Ölfirma gearbeitet hatte, den geliebten Mann heiratete, den ihre Familie, als sie jung war, abgelehnt hatte.

Die Statistiken besagen, dass unter den jungen Leuten die Zahl der Eheschließungen zurückgeht, während die der Ehen, die zwischen über Siebzigjährigen geschlossen werden, zunimmt – ein weiterer Beweis dafür, wie sehr sich das Phänomen ausbreitet. Unsere Gesellschaft ist noch weit davon entfernt, ihre Vorurteile in Bezug auf die Frauen und das Alter abgeschüttelt zu haben, wird aber bald akzeptieren müssen, dass Liebe und Sex auch im vorgerückten Lebensalter eine Rolle spielen.

1

Siebzig zu sein ist keine Sünde

Nicht Lenz noch Sonnenschönheit strahlt so licht
Wie ich sie sah in einem Herbstgesicht

John Donne, *Herbst-Elegie*

Nobody sees you, when you're on cloud nine, sang John Lennon. Von diesem Song leitet sich der Titel her, den Regisseur Andreas Dresen für seinen in Deutschland außerordentlich erfolgreichen Film *Wolke Neun* gewählt hat. Er erzählt eine ganz alltägliche Geschichte: Zwei Menschen lieben sich, leben seit Jahren zusammen, es gibt Kinder, Enkel und ein gemeinsames Leben, eine Wohnung voller Erinnerungen. Bis eine neue Liebe hereinbricht. Es folgen Untreue, Eifersucht, Krisen, sogar ein Selbstmord. All das kennt man, nicht nur aus dem Kino. Neu an Dresens Film ist das Alter der drei Protagonisten. Die Frau nähert sich der siebzig, ihr Freund ist ein paar Jahre älter. Ihre Tochter ist fassungslos, sie kann sich nicht vorstellen, dass es sich in diesem Alter um Liebe handelt. Sie beschwört die

Mutter, ihren Mann nicht zu belügen und ihm ihre neue Liebe zu gestehen. Die Folgen sind tragisch.

Wie alt muss man für die Liebe sein? Im Kino, das unsere Mythen über Beziehungen immer noch wie kein anderes Medium beeinflusst, haben sich seit jeher reife Männer mit jungen oder blutjungen Frauen zusammengetan. In dieser unserer gefährlichen Welt braucht eine junge Frau einen Mann, am besten einen etwas älteren, der sie beschützen kann, lautet die Botschaft. Topmanager heiraten Topmodels. Torschlusspanik treibt berühmte Schriftsteller wie Philip Roth oder Martin Walser dazu, immer jüngere Verehrerinnen aufzugabeln. Filme, in denen reife Frauen mit Sexappeal zu sehen sind, gibt es dagegen selten, ganz zu schweigen von Paaren, bei denen der Mann jünger ist als die Frau. In solchen Fällen ist die Warnung an die Männer klar: Hütet euch vor Gefühlsabenteuern mit einer reifen Frau, zumal hier auch noch die Gefahr besteht, dass ihr sie jederzeit einer viel Jüngeren wegen verlasst. Warum sollte ein Mann überhaupt mit einer Frau ins Bett gehen, die so alt ist wie seine Mutter, wenn er mit Leichtigkeit eine auftun kann, die so alt ist wie seine Tochter? Die Jahre stempeln eine Frau ab. Zu keiner Zeit galt es als Zeichen guter Kinderstube, andere nach ihrem Alter zu fragen; einer

Frau gegenüber war und ist diese Frage absolut tabu.

Den Protagonisten von Dresens Film fehlt es bewusst an Glamour. Es sind normale Großelterntypen, ohne geliftete Gesichter und faszinierende Berufe. Inge ist eine impulsive Frau, die ihre Rente mit Schneiderarbeiten aufbessert, ihr Mann Werner ist pensionierter Eisenbahner. Die Nackt- und Sexszenen haben nichts Peinliches, obwohl sie genau so sind wie im wirklichen Leben: mit all den Altersflecken, den Falten, der Angst, die Erektion nicht halten zu können, den Verlegenheiten. Aber auch mit dem befreienden Lachen, der erlösenden Fröhlichkeit. Der Film demaskiert eine Gesellschaft, die vorgibt, frei und aufgeklärt zu sein, tatsächlich aber vom Spießertum geprägt ist, nicht nur, was unsere Körper, sondern mehr noch, was unsere Denkweise betrifft.

Filme wie Andreas Dresens *Wolke Neun*, *Late Bloomers* mit Isabella Rossellini oder *Liebe auf den zweiten Blick* mit Dustin Hoffman belegen, welch tiefgreifender Wandel sich zurzeit in unserer Gesellschaft vollzieht. Es wandelt sich der Prozess des Älterwerdens, es wandeln sich die Beziehungen zwischen Mann und Frau, ja, es wandelt sich das Alter selbst. Das Leben wird länger, aber es ist nicht wie ein Seil, an dessen

Ende ein Stück angefügt wird, sondern vielmehr wie ein Gummiband, das sich spannt und dabei alle Bezugspunkte verschiebt. Es heißt, die Sechziger seien die neuen Vierziger, die Siebziger die neuen Fünfziger. Die Frauen sehen heute jünger aus, sind gesünder und aktiver als die der Generationen vor ihnen. Im Vergleich zu ihren Müttern sind die meisten der heute Siebzigjährigen finanziell unabhängiger, besser gebildet, fähiger, zu ihren Gefühlen zu stehen, und aufrichtiger im Ausdruck ihrer Emotionen. Vor allem sind sie weniger geneigt, eine Beziehung aufrechtzuerhalten, die ihren Sinn verloren hat. Aus Untersuchungen geht hervor, dass sie auch sexuell aktiver sind oder sich jedenfalls wünschen, es bei sich bietender Gelegenheit zu sein. Viele behaupten, Sex und Liebe seien in diesem Alter befriedigender als in jüngeren Jahren. Sie nutzen ihre Erfahrung und müssen ihre Identität mittlerweile nicht mehr von der »Anerkennung« eines Mannes abhängig machen.

Der grüne Blitz

Die Frauen, die jetzt in die Siebziger kommen, waren die Ersten, die sich für ein Universitätsstudium und eine Berufstätigkeit entscheiden und sich damit ihre eigene Identität in Bereichen aufbauen konnten, die früher den Männern vorbehalten waren. Deshalb beschließen viele, wieder als Single zu leben, wenn ihre Ehe nicht mehr funktioniert; sie bleiben lieber allein als in einer Paarbeziehung, in der sie, wenn die Jugend vorbei ist, nur noch eine »mütterliche« Rolle gegenüber ihrem Mann einnehmen (der sie auf dem Gipfel seiner beruflichen Laufbahn oft ohnehin wegen einer Jüngeren verlässt).

Die Krise um die vierzig haben sie, ohne mit der Wimper zu zucken, hinter sich gebracht und sich den Fünfzigern gestellt, ohne sich von der Menopause traumatisieren zu lassen und ohne über das »leere Nest« zu weinen. Jetzt liegen zehn, zwanzig Jahre eines Lebens vor ihnen, das völlig anders sein könnte als das ihrer Mütter und Großmütter. Neue Aktivitäten, vielleicht neue Liebschaften – es erwartet sie nicht zwangsläufig ein zweitklassiges Leben am Rande der Gesellschaft, wie es noch bis vor Kurzem für ältere Frauen üblich war.

Im Seniorenalter sind viele von ihnen mit Gelassenheit angekommen, weil sie sich allen Hindernissen zum Trotz und dank eines Berufs, den sie engagiert ausgeübt haben, eine eigene Identität schaffen konnten. Die erotischen und emotionalen Irrungen und Wirrungen der Jugend haben sie nach und nach hinter sich gelassen; viel mehr als die Erinnerung ist davon nicht geblieben. Das alles ohne allzu großes Bedauern. In dem Bewusstsein, dass eine älter werdende Frau keine Sehnsüchte mehr äußern darf, haben sie nur jene zur Kenntnis genommen, die sie sich leisten konnten. Jetzt aber erleben viele von ihnen plötzlich ein Wiedererwachen sexueller Spannung, eine Schwärmerei, eine physische Anziehungskraft, die ebenso stark ist wie bei einer Heranwachsenden. Manche verspüren diese Gefühle auch gegenüber jüngeren Männern.

Ruhestand und Leidenschaft, Enkel und Träume, Falten und Sex. Viele ältere Frauen haben romantische Erlebnisse, sprechen offen über ihre erotischen Entdeckungen, haben andersgeartete Beziehungen mit Männern als früher, Beziehungen, in denen Sex manchmal die Hauptrolle spielt. Sie machen einen Bogen um neue Ehen und schrecken sogar vor einem bloßen Zusammenleben zurück; sie haben gelernt, dass Monogamie keine Pflicht ist. Sie können besser zwischen ihren realen Möglichkeiten und ihren Illusionen unterscheiden. Vor allem aber scheinen sie sich vom Blick des anderen befreit zu haben.

Sie sind die Ersten, die darüber staunen. Sicher, Schmetterlinge im Bauch hat es immer und in jedem Lebensalter gegeben. Seit undenklichen Zeiten jedoch haben Tabus, Vorurteile,

Hemmungen und die Gesellschaft selbst dafür gesorgt, dass Liebschaften und sexuelle Beziehungen im höheren Alter schon im Keim erstickt wurden. Man muss mindestens bis ins 17. und 18. Jahrhundert zurückgehen, um positive Beispiele zu finden. Eine Ninon de Lanclos hatte zeitlebens jüngere Liebhaber. Ebenso Madame de Warens, deren bekanntester Liebhaber der damals noch blutjunge Jean-Jacques Rousseau war. Doch Persönlichkeiten wie sie traf man in den nachfolgenden Jahrhunderten immer seltener an. Schuld daran waren zum einen das kleinbürgerliche Denken des 19. Jahrhunderts und zum anderen die Haltung der Kirche, die Sex einzig mit Fortpflanzung in Verbindung brachte und deshalb die sexuelle Aktivität von Frauen im reifen Alter als Perversion verurteilte. Auf dem Konzil von Trient hatte die katholische Kirche das Mindestalter der Pfarrhaushälterinnen – also der einzigen Frauen, die mit einem Priester unter einem Dach wohnen durften – auf vierzig Jahre festgelegt, ein Alter, in dem damals die Menopause einsetzte. Jenseits davon war jede Gefahr gebannt, sexuelle Verwirrungen waren undenkbar.

Sexualität und Lust sind für Frauen im fortgeschrittenen Alter nach wie vor ein Tabu, und noch heute übersteigt der Gedanke, dass ihre Großeltern ein Sexualleben haben könnten, das Vorstellungsvermögen der meisten jungen Leute.

Zum zweiten Mal in ihrem Leben dringt nun diese Generation in eine Terra incognita vor. Beim ersten Mal hatten die Pille und der Feminismus die Schranken eingerissen, die die Frauen bis dahin daran gehindert hatten, eine volle Existenz zu leben, mehr Gleichberechtigung zu erreichen und berufliche Karrieren zu verfolgen. Die Pille eröffnete den Frauen einerseits großartige Perspektiven, stellte aber andererseits auch eine Herausforderung dar, die ihr Leben und das der Gesellschaft insgesamt veränderte. Heute steht dieselbe Generation erneut vor unerforschtem Terrain. Wird sie auch diese letzte Barriere überwinden? Vorurteile bestehen nach wie vor, doch es bilden sich auch neue Paarbeziehungen heraus. Der ablaufenden Zeit wegen sind sie naturgemäß von kurzer Dauer, werden dafür aber auch sehr intensiv gelebt. Solche Beziehungen erinnern an das Phänomen des grünen Blitzes, jener Naturerscheinung, die am oberen Rand der Sonne einen nur wenige Sekunden sichtbaren Streifen gleißenden Lichts entstehen lässt, bevor die Sonne unter dem Horizont verschwindet und die Dunkelheit anbricht. Doch vielleicht handelt es sich dabei nicht nur um einen letzten Strahl der untergehenden Sonne, meinten einige der befragten Frauen: Es könnte auch der erste Strahl einer neuen Sonne sein, der sein Licht auf anders geartete Beziehungen zwischen Mann und Frau wirft.

Doppelte Sicht

Einer der interessantesten Aspekte der späten neuen Liebe ist, dass Menschen im vorgerückten Alter oft bei einem Partner landen, den sie schon in ihrer Jugend gekannt, vielleicht auch geliebt haben. Ein bekannter amerikanischer Journalist kehrt nach Rom zurück, wo er lange Zeit als Korrespondent gearbeitet hat. Er trifft eine Kollegin wieder – auch sie schon im Ruhestand –, mit der er früher häufig zusammengearbeitet hatte, und nimmt sie als seine frisch angetraute Ehefrau mit in die Vereinigten Staaten. Um den Funken überspringen zu lassen, genügt manchmal eine zufällige Begegnung mit einem alten Schulfreund, einem früheren, in Vergessenheit geratenen Schwarm oder mit jemandem, den man vor vielen Jahren kennengelernt und seither nie mehr wiedergesehen hat.

Tatsächlich erscheint es logisch, dass Menschen mit gemeinsamen Erfahrungen mehr miteinander verbindet als vollkommen Fremde. Intimität lässt sich auf dieser Basis leichter herstellen, zumal in einem Alter, in dem man wäh-

lerischer geworden ist. Aber es gibt anschei-
nend noch andere Gründe. An eine Verbindung
aus der Jugendzeit wieder anzuknüpfen, ist der
Sexualwissenschaftlerin Judith Wallerstein zufolge
leichter, weil wir gegenüber denen, die wir als
junge Leute kannten, die »doppelte Sicht« bei-
behalten, wie sie es nennt. Es gelingt uns, das
idealisierte Bild der Jugend mit der Wirklichkeit
des tatsächlichen Alters in Einklang zu bringen.
Wir sind uns unserer Runzeln und Gebrechen
bewusst und wissen, dass wir im Restaurant die
Brille wechseln müssen, um die Speisekarte lesen zu können, aber wir haben eine klare Erinnerung daran, wie faszinierend der andere war, als
wir ihn das erste Mal sahen und uns in ihn ver-
liebten. Das erlaubt es uns, ihn oder sie mit den
Augen der ersten Begegnung zu sehen. In einem
Alter, in dem die physische Schönheit schwindet,
zeigt eine alte Flamme dem Gegenüber einen
anderen Spiegel, auch wenn wir wissen, dass wir
die Zeit nicht zurückdrehen können. Wie Abi-
gail Trafford in *As Time Goes By* schreibt, gibt
es eine »Memory Box«, gefüllt mit den Dingen,
die wir in der Vergangenheit gemeinsam hatten.
Aus diesem Fundus schöpfen wir, hier finden
wir Erlebtes wieder und können erneut den Weg
durchlaufen, der uns zu dem gemacht hat, was
wir heute sind. Die »wilden« Jahre der Jugend
sind in einer Erinnerungskiste abgelegt, wir sind

andere geworden, und indem wir uns damit konfrontieren, können wir besser ermessen, was das Leben uns gelehrt hat.

Im Laufe der Geschichte haben wir noch nie so lange gelebt und zugleich so viel von einer intimen Beziehung erwartet. Der Psychologe David Schnarch behauptet, eine reife Liebe gelinge dann, wenn zwei Menschen sich beim Liebesakt mit Freuden betrachten können. Ob es sich um ein altes Ehepaar handelt oder um ältere Menschen, die sich vor Kurzem wieder getroffen oder sich gerade erst kennengelernt haben – in jedem Fall haben sie eine Phase erreicht, in der die Entscheidung für einen Partner auf Gefühlen beruht.

Die andere Seite der Medaille – und wenn es Pflicht wird?

Dass heute Menschen noch im höheren Alter ihre Sexualität neu entdecken können, erklärt sich zweifelsohne mit unserer veränderten Wahrnehmung des Alterungsprozesses. Nicht wenige betrachten dieses Phänomen jedoch mit Skepsis und fragen sich, ob es sich nicht einfach nur um ein weiteres Zeichen dafür handelt, dass wir in einer von der Utopie ewiger Jugend durchdrungenen Gesellschaft leben, einer Gesellschaft, die Illusionen schafft, Trugbilder des Glücks beschwört und die Freiheit der Wahl zur einzig wahren Freiheit erklärt. Als wäre das Leben jedes Einzelnen allein schon deshalb erfüllter und glücklicher, weil er mehr Optionen hat.

Könnte dieses Phänomen nicht sogar den gegenteiligen Effekt haben und den Seelenfrieden alter Menschen zerstören, ihre Unzufriedenheit steigern und ihnen vorgaukeln, dass ihnen etwas fehlt, was andere genießen?, überlegt ein Freund, nachdem er den Film *Wolke Neun* gesehen hat. Jede neue Erkenntnis über das sexuelle Verhalten wird von der Gefahr begleitet, dass daraus eine neue Norm erwächst. Warum sollte es etwas Positives sein, Leidenschaften zu empfinden, die man in der Jugend nicht kennengelernt hat? Bisher wurden die Alten so behandelt, als hätte Sex keinen Platz in ihrem Leben, und jetzt senden wir ihnen die gegenteilige Botschaft, dass nämlich alle für alle Zeiten ein fantastisches Sexualleben haben sollten. Wollen sich die Achtzigjährigen wirklich wie Vierzigjährige verhalten, möchten sie nicht lieber in Ruhe leben, am Strand spazieren gehen und lesen? »Bald wird es nicht mehr erlaubt sein, sich wie ein alter Mensch zu verhalten. Was als Erweiterung der Freiheit erscheint, wird als Verpflichtung enden: Statt einer Befreiung wird es Ursache für neuen Stress sein.«

Irgendwann gilt es, wie Montaigne sagt, *plier bagages*, sein Bündel zu schnüren, pflichtet ihm eine Freundin bei. »Wer achtzig wird, müsste darauf vorbereitet sein, nicht an einer Kinderkrankheit oder an Liebeskummer zu sterben. Was mich anbelangt, so schließe ich mich den Worten an, mit denen die Sanseverina in der *Kartause von Parma* den noch vor Leidenschaft glühenden Fabrizio zurückweist: ›Sprechen Sie mir bitte nicht von Leidenschaft!‹«

Erzählen wir unsere Geschichte

Über siebzigjährige Singles, die neue Erfahrungen mit Liebe und Sex machen, gibt es noch keine systematischen Studien. Generell hat die Sexualforschung bei Untersuchungen über das reife Alter nur Personen bis maximal siebzig und fast ausschließlich verheiratete Paare in den Blick genommen. Die einzige signifikante Ausnahme ist eine interdisziplinäre Studie, die 1989 in Berlin begonnen wurde und auf Männer und Frauen im Alter zwischen siebzig und hundert Jahren fokussiert.

Dennoch war es verblüffend einfach, über ein Schneeballsystem Frauen im Alter von mindestens siebzig Jahren ausfindig zu machen, die sich neuen Erfahrungen in puncto Liebe und Sex geöffnet haben: in Rom, Florenz, Arezzo, Mailand, London, in Frankreich, in Deutschland, in den Vereinigten Staaten. Alle ohne Ausnahme waren sofort bereit, ihre Geschichte zu erzählen: Sie wollten darüber nachdenken, was ihnen gerade widerfuhr, und waren sich bewusst, dass sie etwas erlebten, was gleichaltrige Frauen vor ihnen nicht gekannt hatten. »Es ist so fantastisch, dass jemand unsere Geschichte erzählt. Ich freue mich riesig, dass es jemanden gibt, der das tut«, schrieb Sally aus den USA. Eine andere kommentierte: »Den Alten zu sagen, sie dürften nicht mehr an Sex denken, ist geradeso, als würde man ihnen sagen, sie dürften sich ab einem gewissen Alter keine neue Brille mehr machen lassen, weil sie ja schon genug gesehen hätten.«

Da es so erstaunlich leicht war, die Frauen zu finden, können wir annehmen, dass die Zahl der über Siebzigjährigen mit einschlägigen Erfahrungen weit höher liegt, als man sich das gemeinhin vorstellt. Viele von ihnen haben durch die zufällige Begegnung mit einem alten Bekannten plötzlich ihre Sexualität wiederentdeckt. Einige haben nach vierzig oder fünfzig Jahren die erste Liebe ihres Lebens wiedergefunden.

Abgesehen davon wächst die schon in den Vereinigten Staaten und Nordeuropa weit verbreitete, aber auch in Italien zunehmende Tendenz, die neuen Möglichkeiten der Kontaktaufnahme zu nutzen, die das Internet bietet. Was auch immer die Ursache sein mag – es ist eine Bewegung im Gange, die eine Siebzigjährige heute daran erinnert, dass sie immer noch eine Frau ist.

Wissenschaftliche Studien zeigen – und unsere Gespräche bestätigen es –, dass Sex im reifen Alter anders ist als in jungen Jahren. Die Befragten bezeichnen ihn als »besser«, und vielen Forschern zufolge ist dies zum Teil der Tatsache zu verdanken, dass man mehr Zeit hat, entspannter ist und nicht mehr an berufliche Probleme denken oder die Kinder zur Schule fahren muss.

Nicht einmal Runzeln und Falten bringen uns noch in Verlegenheit. Es wirkt paradox, aber das Novum, was sich bei unseren Gesprächen zeigte, war: Die Siebzigjährigen von heute scheinen sich vom Blick des Mannes befreit zu haben. Jahrhundertelang haben die Frauen ihren eigenen Wert am Blick des anderen gemessen. Heute weiß diese Generation, die nicht ausschließlich auf die Mutterrolle festgelegt blieb, um ihren Wert, dem Falten und Cellulite keinen Abbruch tun. »Warum sollte ich mich genieren?«, fragt Diana. »In unserem Alter gibt es keinen Narzissmus mehr. Reife Liebe bedeutet, die Augen beim Sex offen zu halten und uns an unserem Anblick zu freuen. Wir sind keine

Halbwüchsigen mehr, die den perfekten Körper idealisieren. Wir wissen, dass man im Alter keine perfekte Hülle mehr hat. Wir wählen unseren Partner auch mit dem inneren Blick. Wir schlagen die gleichen Schlachten wie eh und je, die Schützengräben aber suchen wir uns selber aus.«

Eine der Schwierigkeiten für die nicht mehr ganz jungen Frauen besteht darin, einen Partner desselben sozialen oder intellektuellen Niveaus zu finden. Niemand hat sich je darüber gewundert, wenn gebildete und reiche Männer sich mit weniger gebildeten oder ärmeren Frauen liieren. Gewiss, man verliebt sich in ein »Gesamtpaket«, in dem Aussehen, Intelligenz, Bildung und auch die gesellschaftliche Position eine Rolle spielen. Besitzt die Frau aber mehr Weltgewandtheit und einen höheren gesellschaftlichen Status als der Mann, kann die Beziehung eine peinliche Außenwirkung haben; oft empfindet die Frau eine solche Verbindung selbst als heikel.

Eines scheint festzustehen: Wer das Glück hat, im fortgeschrittenen Alter ein regelmäßiges Sexualleben zu genießen, lebt gesünder und länger. Ob das Ursache oder Wirkung sexueller Aktivität ist, lässt sich nicht feststellen. Walter Bortz jedenfalls, der größte amerikanische Experte in Fragen des Alters und des Alterns, gibt in seinen Vorträgen dem Publikum folgenden Rat: »Viele wissenschaftliche Berichte bestätigen, dass Sie, wenn Sie hundert Jahre alt werden wollen, am besten gleich damit beginnen sollten, ein gutes Sexualleben zu entwickeln.«

2

Der Zauber des Neuanfangs

Und was ist des Strebens wert, wenn es
die Liebe nicht ist!

Heinrich von Kleist, *Briefe*

Meine Tochter starrt mich entgeistert an. Sie ist
etwas über vierzig, eine Frau, die Karriere gemacht hat; sie arbeitet als Anwältin in der City,
befasst sich mit wichtigen Geschäften. Hat keine
Zeit für Sentimentalitäten, auch weil sie sich unablässig um ihre Stelle sorgt, vor allem seit Beginn der Wirtschaftskrise. Ich dagegen war alles
andere als eine Karrierefrau. Ich hatte nie eine
feste Stelle, sondern immer nur Jobs, für die ich
irgendwie geeignet war und die mehr oder weniger zufällig bei mir landeten. Zu der Zeit, als ich
ein junges Mädchen war, dachte man nicht an
Karriere. Zwar wollten wir finanziell unabhängig
und nicht auf einen Ehemann angewiesen sein
wie unsere Mütter, die sich alles gefallen lassen
mussten, nach der Heirat aber blieb das Hoch-
schulzeugnis oder das Diplom in der Schublade

31

liegen. Ich habe immer gearbeitet, in verschiedenen Bereichen, aber es waren alles Gelegenheitsjobs. Am meisten interessierten mich die Kunst und die Techniken des Restaurierens, und auf diesem Gebiet bin ich auch die meiste Zeit tätig gewesen. Ich habe angefangen zu malen, bin oft nach Mexiko gereist, habe mich mit der dortigen Kunst befasst, Objekte restauriert und mich zu neuen Ideen anregen lassen.

Letzte Woche also wollte meine Tochter mit mir in einer italienischen Trattoria mittagessen, in der hauptsächlich Studenten verkehren. Gleich zu Anfang hielt sie mir vor, ich hätte mir die Augenbrauen zu stark nachgezogen. »Was soll das«, fragte sie, »bei deinen eingefallenen Wangen?« Eben weil meine Wangen schlaff sind, betone ich, was ich noch habe, gab ich ihr zur Antwort. Wenn man älter wird, sind die Gesichtszüge nicht mehr so scharf konturiert wie bei jungen Menschen, deshalb ziehe ich mir die Augenbrauen mit dunkelbraunem Konturenstift nach. Aber sie ließ sich nicht überzeugen. Als sich ihre Patentante, die sie ebenfalls eingeladen hatte, zu uns gesellte, wurde es noch bunter. Bis vor wenigen Jahren war Lucy eine renommierte Firmenanwältin gewesen, und sie und meine Tochter sind dicke Freundinnen. Lucy hatte nie heiraten wollen und ihre zahlreichen Bewerber alle abgewiesen. Doch vor ein paar Jahren – sie ist dreiundsiebzig, wie ich – lernte sie einen Witwer kennen, einen Schachmeister, und zwischen den beiden funkte es sofort. An jenem Tag hatte er ihr versprochen, sie im Restaurant abzuholen, und als er kam, umarmten sich die beiden und küssten sich mit solcher Leidenschaft auf den Mund, dass sie alle Blicke auf sich zogen. Man stelle sich das bildlich vor! Beide mit Knitterlippen und lauter Falten im Gesicht! Meine Tochter wurde ganz bleich. Und auch ich fühlte mich etwas unbehaglich, muss ich gestehen. Aber die beiden waren glücklich, sie lachten die ganze Zeit, hielten Händchen und schienen die Leute um sie herum gar nicht wahrzunehmen – jedenfalls waren sie ihnen völlig egal.

Und genau so ist es. Wir müssen es einfach zur Kenntnis nehmen: Wenn du dich verliebst, fühlst du dich absolut jung. Du lebst ganz in der Gegenwart, weil der Käfig, den die Jahre um dich errichtet haben, aufbricht. Du hörst auf, dir Fragen über die Zukunft zu stellen. Mir ist das Gleiche passiert wie meiner Freundin, nur kann ich es meiner Tochter nicht erklären, weil sie, sobald ich Andrzej auch nur erwähne, das Thema wechselt. Es ist wie die erste Liebe. Sehr romantisch. Du bekommst weiche Knie. Buchstäblich. Sex verschafft dir den größten Genuss, den du je erlebt hast. Eine Gänsehaut überläuft dich, wenn er auch nur deinen Arm berührt. Es ist, als wärst du wieder fünfzehn. Der einzige Unterschied: Du weißt, dass dir wenig Zeit bleibt. Manchmal könnten wir den ganzen Tag im Bett verbringen. Ich spreche nicht nur von Sex. Die Leute sind der irrationalen Meinung, Sex müsse etwas Grandioses sein. Wenn wir den Orgasmus als Gradmesser der Lust nehmen, irren wir. Denn es gibt viele andere Dinge, die ein Mensch beim Sex genießt und die wichtiger sind als simple akrobatische Übungen: Nähe und Wärme.

Andrzej ist witzig und intelligent, und unser Zusammensein stimmt uns fröhlich. Und Fröhlichkeit ist das, was man am meisten vermisst, wenn man allein lebt. Unbekümmerte Fröhlichkeit – dieses Geschenk machen wir uns gegenseitig. Bei einem Rendezvous laufen wir aufeinander zu, und sicher fragt auch er sich, ob es wieder so schön wird wie beim letzten Mal, ob wir wieder das gleiche Glücksgefühl empfinden werden. Dabei hatte ich ihn nach unserer ersten Begegnung mehrere Monate lang nicht einmal angerufen, obwohl ich seine Nummer hatte.

Ich hatte ihn zufällig getroffen, eines Tages, nachdem ich mehrere Stunden damit verbracht hatte, die Wohnung einer verstorbenen Freundin auszuräumen, die mich als Testamentsvollstreckerin eingesetzt hatte. Es war einer jener milden und hellen Tage, wie sie in London zu Beginn des Winters manchmal vorkommen. Diese Schönheit linderte den Schmerz, das Gefühl der Schicksalhaftigkeit, das mich bedrückte, während ich all die Überreste eines ganzen Lebens in die Hand nahm: Theaterkarten, Ausstellungsprogramme, Briefe, Fotos. Unglaublich, was sie alles angehäuft hatte – so, als hätte sie ihre Erinnerungen anfassen müssen. Ich brauchte Monate, bis ich mit dem Entrümpeln fertig war, und schließlich nahm ich viele Sachen mit nach Hause, weil ich es nicht über mich brachte, sie wegzuwerfen.

Ein schönes Geschenk hat dir deine Freundin da gemacht, kommentierte Andrzej, als er mich besuchen kam und die vielen Kartons sah. Aber ein Stück ihres Lebens war auch meines. Als ich sie kennenlernte, absolvierte sie eine Ausbildung zur Krankenschwester, doch ein paar Jahre später verließ sie London und kehrte nach Italien zurück, wo sie sogar einen anderen, einen italienischen Namen annahm. Ihre Jugend war von tragischen Ereignissen und plötzlichen Veränderungen überschattet gewesen. Sie war in Italien geboren. Ihr Vater, ein jüdischer Musiker, war zu Beginn des Zweiten Weltkriegs verschwunden; man wusste nicht einmal, wo und wann er gestorben war. Die Mutter, eine ungarische Staatsangehörige, war Balletttänzerin gewesen, eine Frau von exotischer Schönheit, soweit man das auf den alten Fotografien erkennen konnte. Ein deutscher Offizier verliebte sich in sie und hielt während des Krieges seine schützende Hand über sie und ihre beiden kleinen Töchter. Doch gegen Ende des Krieges, kurz bevor die deutschen Truppen sich aus Florenz zurückzogen, starb die Mutter plötzlich an einem Infarkt. Der Offizier musste sich nun von einem Tag auf den anderen um die beiden kleinen Mädchen kümmern, die in Italien keine Verwandten hatten. Er machte einen nach Palästina ausgewanderten Onkel ausfindig und schickte sie in den Kibbuz, in dem der Onkel lebte. Meine Freundin, die ältere der beiden Schwestern, hasste den Kibbuz von Anfang an. Sie trauerte Italien nach, behauptete, Italienerin und Katholikin zu sein. Mit siebzehn heiratete sie, und es gelang ihr, nach England überzusiedeln, wo ein Rabbiner ihr nach jüdischem Gesetz die Scheidung ermöglichte. Mehrere Jahre zog sie durch die Welt und kehrte dann mit über sechzig nach London zurück. Dort trafen wir uns wieder.

Das Haus, in dem sie gewohnt hatte, lag in einer der desolatesten Gegenden des East End. Das einzige anständige Gebäude weit und breit ist das halb fertige Olympiastadion, eine Oase in der Wüste. Im Umkreis von Kilometern gibt es weder Cafés noch Restaurants. Wer etwas trinken will, muss zu McDonald's unter der *Bow fly-*

over, einem Gewirr von Autobahnen, die an dieser Stelle ineinandermünden. Es ist in einem modernen Bau mit großen Glasfenstern untergebracht, der in all der Trostlosigkeit geradezu freundlich anmutet, lichtdurchflutet und mit Blick auf die Skyline des anderen Flussufers. Auch Andrzej wohnt im East End, aber in einer angenehmeren Gegend, und hin und wieder muss er, wenn er ins Zentrum will, hier auf den Bus warten. Einmal war er vor McDonald's stehen geblieben und hatte durch die Fenster das große Feuer gesehen, von dem auch im Fernsehen berichtet wurde. Eine alte Freundin von ihm, die er sehr mochte, sah ihn in Warschau in einer Sendung der BBC und rief ihn daraufhin an. Dieses Gespräch weckte sein Heimweh nach Polen und nach seinen Jugendfreunden, auch wenn er sich alles in allem glücklich schätzte, weil es seiner Familie, die unter dem Kommunismus ihren ganzen Besitz verloren hatte, am Ende gelungen war, zu emigrieren und er in London ein Mathematikstudium hatte aufnehmen können, was in Polen nicht möglich gewesen war (Kindern aus bürgerlichen Familien war damals ein Universitätsstudium verwehrt).

Als ich das Restaurant betrat, war er schon dort, und ich setzte mich an den Nachbartisch. Wir waren praktisch die einzigen Gäste, abgesehen von einer Schar sieben- oder achtjähriger

Kinder, die sich sofort auf mich stürzten und mich fragten, ob sie die Sticker haben könnten, die auf der Papierunterlage auf dem Kaffeetablett lagen; sie bräuchten sie für ein Spiel. Ich bat sie, mir zu erklären, um was für ein Spiel es sich handelte, und sie antworteten alle aufgeregt durcheinander, sodass ich überhaupt nichts mehr begriff. Ich sah zu meinem Nachbarn hinüber, der die Kinder amüsiert beobachtete und fortfuhr, Diagramme in ein Notizbuch zu zeichnen. Ich fragte ihn, ob er verstanden habe, worum es ging. Er musterte die Spiele auf dem Papier und sagte nach einer Weile: »Man muss wohl acht Jahre alt sein, um das zu verstehen.« Wir gaben wir den Kindern unsere Sticker und setzten unsere Unterhaltung fort.

Wir saßen vor dem Panoramafenster, und ich konnte ihm kaum ins Gesicht sehen, weil mich die Sonne so blendete. Ich musste mir die Augen mit der Hand abschirmen – was mir heute, wenn ich darüber nachdenke, unglaublich erscheint, denn es war mir nie zuvor passiert, obwohl ich mehrere Jahre in tropischen Ländern wie Mexiko oder Indien gelebt hatte. In London steht die Sonne in dieser Jahreszeit sehr tief, und vielleicht hatte ich deshalb den Eindruck, es geschähe etwas Magisches. Seine Art zu sprechen hatte es mir angetan, ebenso die interessanten Beobachtungen, die er machte, und auch sein starker Akzent und die wunderbare, so tiefe und rauchige Stimme, die mich heute noch erschauern lässt, wenn sie »Darrling« zu mir sagt.

Diese Stimme war es auch, die mich davon abhielt, ihn anzurufen, wie ich versprochen hatte. Sie hatte etwas, was mich anzog, zugleich aber auch beunruhigte. Als ich ihn nach einiger Zeit dann doch anrief, war er überglücklich. Seine Stimme zitterte vor Aufregung; er habe seit dem Tag, an dem wir uns kennengelernt hatten, an mich gedacht, sagte er, und nicht begriffen, wie er so dumm hatte sein können, sich nicht gleich meine Telefonnummer geben zu lassen.

Es war, als hätte Amor einen Pfeil abgeschossen. Mir fallen keine anderen Worte ein, um auszudrücken, wie schlagartig die Unruhe der ersten Liebe wieder aufflammte. Ein Gefühl wie im Frühling, wenn du deinen schweren Wintermantel wegräumst. Du spürst die Sonne wieder, die deine Haut liebkost, du lebst in einer Art Trance. Wie damals, mit fünfzehn. Du bekommst eine Gänsehaut, wenn er dich zum ersten Mal berührt. Du gehst mit leichten Schuhen zum Rendezvous, auch wenn es regnet. Du spazierst durch die Straßen und denkst: Und wenn er dir jetzt über den Weg liefe? Es ist alles sehr komisch, wir nehmen uns auch gegenseitig auf den Arm. Wir lachen viel zusammen, und manchmal streiten wir auch, weil wir sehr verschieden sind. Ich hatte niemals mit Menschen verkehrt, die politisch rechts stehen, ganz im Gegenteil, mein Mann war marxistischer Philosoph gewesen, und meine Freunde sind alle Sozialisten. Er dagegen kommt aus dem »real existierenden Sozialismus« und hat ganz andere Erfahrungen.

Doch in diesem Alter streitet man auch anders. Wenn man jung ist, hält der Groll lange an; man macht aus allem eine Frage des Prinzips. Alte scheuen sich nicht, dem anderen ins Gesicht zu sagen, was sie denken, aber der Groll verfliegt auch schnell wieder: Du weißt aus Erfahrung, dass der Gegenstand des Streits nicht so wichtig ist und dass du ihn schon morgen vergessen hast. Wir haben zu lange gelebt, um nicht zu relativieren, und wir haben selbst zu viele Fehler gemacht, um Urteile zu fällen. All diese Emotionen, diese Höhen und Tiefen, diese Ausbrüche und Versöhnungen vermitteln dir das Gefühl zu leben. Wenn du jung bist, hast du Ambitionen, Sorgen, Pflichten, du musst arbeiten, dich um die Kinder kümmern, du musst dir eine Zukunft aufbauen. In unserem Alter dagegen ist die Liebe etwas Vitales, etwas, was an unsere Existenz rührt. Weil das Leben bald endet und kostbarer ist. Aus der Zukunft machst du dir nicht mehr viel, denn wer weiß, wie lange es uns noch geben wird? Die nächste Begegnung ist das einzige Projekt, das zählt. Das zumindest möchte ich meiner Tochter erklären: Es ist, als bekäme man eine Pause geschenkt, einen Waffenstillstand, einen Aufschub. Wir leben nicht ewig. Und früher oder später müssen wir, wie Andrzej sagt, alle den Alzheimer-Express besteigen.

3

Meine Jugendliebe

Die, die bleiben,
wenden sich einander zu,
ihr gealtertes Fleisch blüht
wieder auf in einer Umarmung
und in ihren Herzen
solche Dankbarkeit
solche Dankbarkeit

Judith Viorst, *Late Love*

In einem November vor fünfzig Jahren, am Vorabend von Thanksgiving, warteten Phil und Sally in einem Bahnhof von New Jersey auf den Zug, der sie zur Grand Central Station bringen sollte. Von dort wollten sie zu ihren Familien fahren, Sally zweihundertfünfzig Kilometer zu ihrer, Phil fast doppelt so weit zu seiner. Zwei Jahre lang hatten sie oft denselben Zug genommen, um das Wochenende in New York zu verbringen. In dieser ganzen Zeit waren sie unzertrennlich gewesen, so verliebt, dass sie nicht voneinander lassen konnten. Ständig suchten sie die Nähe des anderen und wollten gar nicht aufhören, sich in die Arme zu nehmen. Es waren zwei glückliche Jahre gewesen. Doch ausgerechnet diese Reise sollte sie für lange Zeit trennen. Sie ahnten nicht, für wie lange. Nach Thanksgiving nämlich sollte Sally nach Europa reisen. Nicht einmal sie selbst wusste genau, warum sie diese Entscheidung getroffen hatte. Ein Kommilitone hatte sie gefragt, ob sie ihn auf einer Motorradreise durch Frankreich, Holland und Deutschland begleiten wolle, und sie hatte, ohne groß nachzudenken, Ja gesagt. Es war jene Phase des Lebens, in der man begierig nach allem greift, was man für das Glück hält. Phil hatte keine Einwände erhoben. Vielleicht hätte er, der mehr als zehn Jahre älter war als sie, eine dauerhafte Beziehung gewollt, vielleicht auch eine Familie. Aber wer wagte es in den Sechzigerjahren schon, von dauerhaften Beziehungen, von Plänen für ein gemeinsames Leben zu sprechen? Vor allem an der Ostküste hatte man auf Teufel komm raus nonkonformistisch zu sein. Zu Hause, in der Provinz, war das anders, aber in New York lebte man im Augenblick und für den Augenblick. Sicher, jeder war auf der Suche nach einem Partner, mit dem er seine Interessen und Vorlieben teilen konnte und der auch sexuell etwas zu bieten hatte. Aber den Augenblick zu genießen, das war es, was man unter Leben verstand, und an der Ostküste war es leicht, ständig neue Leute kennenzulernen und seine Lebenspläne immer wieder über den Haufen zu werfen.

Jahre später hatte Sally geheiratet und drei Kinder bekommen, zwei Jungen und ein Mädchen. Ihre Tochter Natalie war mit zweiundzwanzig gestorben. Sie hatte sich gerade mit ihrem Bruder unterhalten, der über die Ferien vom College nach Hause gekommen war. Ein Nachbar, Leiter einer Schule, an der er den »sicheren Umgang« mit Feuerwaffen lehrte, hatte sich an diesem Samstag darangemacht, seine siebzehn Pistolen zu reinigen, und nicht bemerkt, dass eine davon geladen war. Das Geschoss drang durch die Wand und traf Natalie in den Kopf. Sie starb eine Stunde nach ihrer Einlieferung ins Krankenhaus, ohne das Bewusstsein wiedererlangt zu haben. Sally war seither eine Aktivistin im Kampf gegen den leichten Zugang zu Feuerwaffen. Phil hatte sie nur ein einziges Mal wiedergesehen. Damals lebte sie mit ihrem Mann in Illinois, und Phil war wegen eines Vortrags nach Chicago gekommen. Er hatte sie angerufen, und sie hatten zusammen mittaggegessen, ohne ihren Ehepartnern etwas davon zu sagen. Danach hatten sie sich nicht mehr gesehen.

Sallys Ehe hatte nicht lange gehalten, was sie im Grunde nicht bedauerte. Sie hatte eine gute Stelle, einen Kreis treuer Freundinnen und war entspannt in den Ruhestand getreten, ja sogar in der Hoffnung, sich all den Dingen widmen zu können, die sie bis dahin aus Zeitmangel vernachlässigt hatte.

Eines Morgens im November klingelte das Telefon. Es war kurz nach acht, eine Zeit, zu der sie normalerweise jeden Gesprächspartner zum Teufel gewünscht hätte, denn seit sie nicht mehr arbeitete, genoss sie es, in aller Ruhe zu frühstücken, die Zeitung zu lesen, ihre E-Mails durchzuschauen und sich erst dann anzuziehen. Sie hörte eine männliche Stimme. »Spreche ich mit Sally?« – »Ja. Wer ist dort?« – »Phil.« Nach einer Pause: »Erinnerst du dich noch an mich?« – »Phil! Natürlich erinnere ich mich! Wie geht's dir?«

Ein paar Tage zuvor hatte er sich bei Facebook angemeldet und wie alle neuen Mitglieder Stunden auf der Seite verbracht. Dabei war ihm das Profil eines jungen Mannes aufgefallen, dessen Name ihn an den erinnerte, den Sally seit ihrer Heirat trug. Daraufhin hatte er im Telefonverzeichnis von Colorado gleich ihre Nummer herausgesucht, in der Hoffnung, dass sie immer noch in Boulder wohnte. Sie sprachen lange miteinander. Er erzählte ihr, dass er vier Jahre zuvor seine Frau verloren hatte, und sie ihm, dass sie seit ihrer Scheidung vor fast zwanzig Jahren allein lebte. »Wir müssen uns unbedingt wiedersehen«, sagte er am Schluss. »Ausgezeichnete Idee! Unbedingt«, antwortete Sally, aber beim Auflegen glaubte sie, zu spontan reagiert zu haben. Er lebte in Philadelphia und sie in Colorado – nicht gerade ein Katzensprung.

Es folgten weitere Telefonate, und an Weihnachten kündigte Phil an, dass er mit dem Auto nach Texas fahren werde, um einen seiner Söhne zu besuchen. Ob sie einverstanden sei, wenn er bei ihr in Colorado Station mache? Er reise fast immer mit dem Auto, weil er aus beruflichen Gründen mehr als genug geflogen sei und Flugzeuge hasse. Aus Texas rief er an, um ihr mitzuteilen, dass er jetzt nach Colorado aufbrechen und in Etappen bis Boulder fahren werde. Sie rechnete aus, dass er am Montag ankommen würde, doch er traf schon am Freitagabend ein. Er quartierte sich in einem Hotel ein und rief sie gleich an. Sally fand bei ihrer Rückkehr von einem Abendessen mit Freunden seine Nachricht auf dem Anrufbeantworter vor und rief ihn auf dem Handy an. Er hätte sie am liebsten sofort getroffen, doch sie war müde und lud ihn für den nächsten Morgen zum Frühstück ein. Sie schlug vor, ihn im Hotel abzuholen, weil er sich in der Stadt nicht auskannte.

Um zehn vor neun stand sie vor der Tür von Zimmer 205. Sie war in Hochstimmung. Wenn man allein lebt, kommt einem alles, was von der täglichen Routine abweicht, wie ein Abenteuer vor. Ein paar Abende zuvor war sie um zehn Uhr ins Kino gegangen, statt wie sonst schon um acht, und als sie um Mitternacht nach Hause kam, hatte sie sich wie ein ungezogenes kleines Mädchen gefühlt.

Sie klopfte. Phil öffnete die Tür, sie lächelten sich an und fielen sich in die Arme. Sein Leben hatte, nachdem sie an der Grand Central Station auseinandergegangen waren, eine ganz andere Richtung genommen als ihres. Er war bei einer großen Firma in New York untergekommen, und als er dort aufhörte, hatte er ein beachtliches Aktienpaket in der Tasche, das er dann geschickt verwaltet hatte. Auf diese Weise war er praktisch Millionär geworden. Das erfuhr sie, als sie nach dem Frühstück darauf bestand, die Rechnung zu bezahlen, weil er sich schon in Unkosten gestürzt hatte, nur um sie zu besuchen.

Nach dem Frühstück fuhren sie lange im Auto durch die Gegend. Es war ein schöner Januartag, einer jener Vormittage, an denen sich die Wärme der Sonne gegen die eiskalte Luft durchsetzt. Die Schönheit der schneebedeckten Berge begeisterte Phil. Nach ihrer Rückkehr in die Stadt beschlossen sie, in Sallys kleinem Lieblingsrestaurant zu Abend zu essen. Doch es war noch zu früh, und so gingen sie noch einmal ins

Hotel zurück. »Machen wir zuvor noch ein kleines Nickerchen?«, fragte er. Sie stimmte zu. Sie legten sich nackt ins Bett und gingen nicht mehr aus.

Sie plauderten mehr, als dass sie Sex hatten. Er empfand das als sehr demütigend, während für Sally in dieser Wiedervereinigung nach so langer Trennung eine besondere Zärtlichkeit lag; denn beide hatten in der Zwischenzeit viel gelitten und waren alt geworden. Sie erinnerten sich daran, wie sehr sie sich geliebt hatten, und fragten sich, warum sie damals nicht zusammengeblieben waren. Sie fühlten sich verletzlich, schon vom Alter gezeichnet, aber die unverhofft wiederentdeckte Vertrautheit vermittelte ihnen ein Gefühl von Ewigkeit, zumindest für diese eine Nacht.

Phil erzählte ihr von seiner Ehe. Ein schweres Leben war es gewesen: Nachdem seine Frau vier Kinder zur Welt gebracht hatte, war sie erkrankt und zum Pflegefall geworden. Er hatte sich intensiv um sie gekümmert und sie im Rollstuhl auf Reisen nach Afrika und Spanien mitgenommen. Jedes Jahr waren sie zusammen nach Key West gefahren. Vor viereinhalb Jahren war sie gestorben. »Du warst ein Heiliger, dass du sie so viele Jahre lang unermüdlich betreut hast«, sagte Sally. – »Aber ich habe dabei einen Groll und ein Unbehagen verspürt, wie es einem Heiligen bestimmt niemals passiert wäre«, gestand ihr Phil.

Bis vor wenigen Jahren war er topfit und stolz darauf gewesen, mit fünfundsiebzig als Baseballspieler an der Seniorenolympiade teilzunehmen. Er spielte noch Tennis und Golf, obwohl er Knieprobleme hatte. Und er hatte nicht aufgehört zu arbeiten. Nach seinem Eintritt in den Ruhestand hatte er eine eigene Immobilienfirma aufgezogen, die sehr gut lief.

Am Morgen duschten sie gemeinsam. Der Trost zweier Körper, die sich so nahe waren, rührte sie. Sie nahm ihn mit zu sich nach Hause und wollte ihm die Schauplätze ihres Lebens zeigen. Sie gingen auch auf den Friedhof, zu Natalies Grab. Sie wusste, dass Phil sie verstand, weil die größte Tragödie auch seines Lebens der Verlust eines Kindes war, eines Sohnes, der mit vierunddreißig Jahren gestorben war. Alt zu werden, sagte er, gibt uns eine andere Gefühlsdimension; wir brauchen mehr Verständnis, mehr Zärtlichkeit.

An dem Tag, an dem Phil die Rückreise nach Philadelphia antrat, standen sie früh auf, um die Kreditkarte abzuholen, die sie in einem Restaurant außerhalb der Stadt vergessen hatten. Es war wieder ein klarer, stiller Tag. Die Landschaft – nur Berge und Himmel – erfüllte beide mit Glücksgefühlen. Als Phil, der am Steuer saß, ihr die Hand aufs Knie legte, spürte Sally es wie einen elektrischen Schlag. Diese Berührung versetzte sie plötzlich in ferne Jahre zurück. Sie konnte kaum glauben, dass sie wieder die gleiche Leidenschaft empfand wie damals.

Aus Philadelphia rief Phil sie täglich an. Er schlug ihr vor, sie abzuholen und mit ihr zusammen an der Küste entlang nach Key West zu fahren. Dort hatte er damals vom plötzlichen Tod seines Sohnes erfahren. Anfang März brachen sie auf. Eine berauschende Reise. Es fiel ihnen schwer zu glauben, dass dieses Glück von Dauer sein könnte. Phil schien keine der Eigenschaften verloren zu haben, die sie in ihrer Jugend so sehr an ihm bewundert hatte: seine Intelligenz, sein moralisches Empfinden. Phil aber hatte nicht vergessen, dass sie ihn damals von einem Moment auf den anderen verlassen hatte, und fürchtete, sie könnte das Gleiche wieder tun. Vergeblich versuchte sie ihm klarzumachen, dass das Leben sie zu einer reifen Frau gemacht hatte. Aber hin und wieder kam es vor, dass auch sie über die Vergangenheit grübelte. Was wäre passiert, wenn sie nicht gegangen wäre, fragte sie sich. Und dann war er es, der die Sache abkürzte. »Wir fangen an diesem Punkt neu an. Wir beide haben unsere Vergangenheit, und dies ist für uns beide ein Neubeginn.«

Nach ihrer Rückkehr machten sich Sallys Kinder über sie lustig. »Bis Key West in getrennten Zimmern?«, fragten sie lachend. Phil habe sich in sie verknallt, gab sie betreten zu, worauf sie antworteten: »Und du dich nicht in ihn?« Später halfen sie ihr dann, die Dinge einzupacken, die sie nach Philadelphia mitnehmen wollte.

4

Miss Lombardia 1947

Werde alt mit mir!
Das Beste ist doch das Letzte im Leben.

Robert Browning, *Rabbi Ben Ezra*

Zuallererst das Foto. Ohne das Foto gäbe es diese
Geschichte nicht. Jahre davor hatte sie noch drei
besessen. Auf dem ersten sah man ein schönes
Mädchen mit kastanienbraunem Haar, das lächelnd Bücher unter den Arm geklemmt hielt;
sie trug eine helle Bluse und einen Rock, der ihr
bis knapp über die Knie reichte. Ein Mitschü-
ler aus dem Gymnasium hatte die Aufnahme gemacht, heute ein berühmter Onkologe. Auf dem
zweiten Bild sah man die »vier Schönen« aus der
Seconda B (12. Klasse) des Mailänder Liceo Carducci. Es stammte aus den Kriegsjahren, als der
Unterricht oft im Keller abgehalten wurde, der
als Luftschutzbunker diente. Das dritte Foto war
1947 vom *Corriere della Sera* veröffentlicht worden. Es war in Stresa entstanden, wo in jenem
Jahr die Miss-Italia-Wahl stattfand. Man sah da-

rauf Liliana mit schüchtern gesenktem Blick neben der kessen Siegerin Lucia Bosè und Gina Lollobrigida. Sie kann sich noch erinnern, dass die Lollo sie gebeten hatte, ihr einen Mantel zu leihen, weil sie in Stresa einen brauchen würde, aber Liliana hatte ihr antworten müssen, dass sie leider selbst nur einen besitze.

Die beiden ersten Fotos hatte sie seit Ewigkeiten in einer großen Schachtel aufbewahrt, die wunderbarerweise verschont blieb, als ihre Mailänder Wohnung ausbrannte. Das dritte dagegen hatte sie für unwiederbringlich verloren gehalten. In diese Wohnung war sie als Single eingezogen. Nach achtundvierzigjähriger Ehe waren sie und ihr Mann übereingekommen, künftig getrennte Wege zu gehen. Ihr neues Leben in Mailand gefiel ihr. Sie hatte ihre Schwestern, Schwägerinnen, Kinder und Enkel in ihrer Nähe. Dennoch verspürte sie eine Leere, ein Gefühl der Einsamkeit. Als sie eines Tages im *Corriere della Sera* den Brief eines Lesers sah, der seine alten Klassenkameraden suchte, kam ihr der Gedanke, das Gleiche zu tun. Sie schrieb also an die Zeitung, dass sie die Schüler des Abiturjahrgangs 1944, der Klasse Terza B des Liceo Carducci, ausfindig machen wolle.

Ungefähr zehn Ehemalige meldeten sich telefonisch bei ihr, und vier oder fünf kamen am vereinbarten Tag in ihre Wohnung. Auch er war dabei, Armando Pasini, der einen wunderschönen Strauß Rosen mitbrachte. Sie hatte ihn früher nie besonders beachtet: ein Durchschnittstyp, weder schön noch hässlich, weder groß noch klein, ziemlich gut in der Schule, aber nicht der Klassenbeste. Woran sie sich genau erinnerte, das waren seine Augen: ein blaues und ein schwarzes. Ein Kuriosum, das er jedoch als einen Defekt empfand, fast als eine Behinderung, die ihn noch schüchterner machte.

Gleich zu Beginn zog Armando einen Zeitungsausschnitt aus seiner Brieftasche hervor. Es war das Foto, das in der Nacht der Miss-Italia-Wahl aufgenommen worden war. Fünfzig Jahre lang hatte er es aufbewahrt. Er entsann sich an Episoden aus ihrem Leben als Gymnasiastin, die sie selbst längst vergessen hatte. Liliana dagegen konnte sich nicht einmal erinnern, je das Wort an ihn direkt gerichtet zu haben, mit einer einzigen Ausnahme: Während eines Schulausflugs stellte sich die Frage, welchen Weg man einschlagen sollte, und sie hatte ihn gefragt: »Und du, Pasini, was meinst du?« (Damals sprachen sich die Schüler noch mit dem Nachnamen an.) Jetzt plauderten sie lange miteinander. Die Jahre am Gymnasium waren unvergesslich: Es herrschte Krieg, es gab Luftangriffe, und das trug dazu bei, eine Vertrautheit und Solidarität zu schaffen, wie sie unter anderen Umständen nicht möglich gewesen wären. Sie erinnerten sich noch an die Namen aller ihrer Lehrer und schmunzelten über deren Marotten. Die Französischlehrerin zum Beispiel, eine hochgewachsene Blondine aus dem Veneto mit männlichen Gesichtszügen, hatte von den Kollegen Veilchensträußchen geschenkt bekommen, auf die sie stolz war, *parce que les blondes sont plus jolies, n'est ce pas?* (weil die Blondinen hübscher sind, oder?). Zur Gedächtnisfeier für ihre in Auschwitz umgekommene Lehrerin Arata hatte sich die Klasse fünfzehn Jahre nach Kriegsende noch einmal vollzählig zusammen gefunden.

Als die beiden jetzt auseinandergingen, beschlossen sie, sich bald wiederzusehen. Aber es kam der Sommer, und Liliana reiste nach Mallorca, wo ihre Familie ein Haus besaß, Armando an die Ligurische Küste. Von dort rief er oft an, und das versetzte sie in einen gewissen Erregungszustand, denn schließlich kam es nicht alle Tage vor, dass man auf Mallorca einen Anruf aus Italien erhielt. Der Wunsch, ihn wiederzusehen, wuchs wie die Sahne beim Schlagen, wie sie es ihrer Tochter gegenüber ausdrückte.

In den Wettbewerb um den Titel der Miss Italia war Liliana zufällig geraten. Sie wusste, dass sie ein schönes Mädchen war: »La Bella« wurde sie in der Familie genannt, und wenn sie mit ihren

Schwestern durch die Straßen ging, drehten sich die Leute nach ihnen um. Sie kam aus einer gutbürgerlichen, konservativen Familie aus Venedig. Nur der Mutter, die ihrerseits aus Künstlerkreisen stammte, und deren Beharrlichkeit war es zu verdanken, dass der Vater schließlich bereit war, seine Töchter auf das humanistische Gymnasium und später auf die Universität statt auf die Lehrerbildungsanstalt zu schicken – Lehrerin zu werden, war damals das Höchste, was ein Mädchen anstreben konnte. Unbekannt ist, woher sie die beiden Eintrittskarten zu einem Ball im Odeon hatte, seinerzeit das zweitschönste Theater Mailands nach der Scala. Jedenfalls begleitete sie ihr Bruder dorthin. Während sie tanzte, kamen immer wieder Leute und hielten sie auf dem Laufenden: Passen Sie auf, Sie sind jetzt auf Platz fünf, vier, zwei. Schließlich der Zuruf: Sie war zur Miss Lombardia gewählt worden! Und so war sie schließlich in Stresa gelandet.

Nach seiner Rückkehr aus dem Urlaub kam Armando sie allein besuchen. Sie hatte gerade die Renovierung ihrer ausgebrannten Wohnung abgeschlossen und zeigte ihm die neu hergerichteten Zimmer. »Das hier muss noch eingeweiht werden«, sagte sie und öffnete die Tür zum Schlafzimmer, wo die Handwerker noch bis zum Tag davor gearbeitet hatten. Da ging Armando aufs Ganze. »Warum machen wir das denn nicht gleich?«, fragte er.

Inzwischen leben sie seit drei Jahren zusammen. Aber es war keine leichte Entscheidung. Zu dem Zeitpunkt, als sie sich wiedertrafen, lebte Armando mit einer Freundin zusammen, der er zu Dank verpflichtet war, weil sie ihm in den schwierigsten Jahren seiner Ehe eine Stütze gewesen war – in den letzten Lebensjahren seiner Frau, die infolge einer Multiplen Sklerose lange Zeit schwerbehindert gewesen war. Hin- und hergerissen zwischen seiner neuen Liebe und seinen Schuldgefühlen, war er nicht weniger als sieben Mal zu Liliana gezogen und dann wieder zu der Anderen zurückgekehrt, so lange, bis auch Liliana im Krankenhaus landete. Er war an ihr Krankenbett geeilt, und da sie seinen Besuch erwartete, hatte sie sich von ihrer Enkelin ihre Schminksachen bringen lassen. Am Ende hatte sich Armando Hilfe suchend an einen Psychotherapeuten gewandt, der sich sehr über einen achtzigjährigen Patienten mit Problemen dieser Art wunderte. So etwas sei ihm noch nie passiert, gestand er ihm. Dann zog Armando bei Liliana ein und blieb bei ihr.

Inzwischen können sie nicht mehr ohne einander sein, versichern sie wie aus einem Munde. Er hat die Wohnung mit riesigen Fotos tapeziert, die sie als junges Mädchen zeigen – in der Schule, auf einem Ausflug, bei Probeaufnahmen für einen Fernsehfilm über Manzonis *Die Verlobten*, in dem sie für die Rolle der Lucia vorgesehen war. Sie sind jetzt Mitte achtzig. Und bedauern nur eines: »Wenn wir doch bloß zehn Jahre jünger wären!«

5

Zu viel des Glücks

> Das große Geheimnis, das alle Alten mit-
> einander teilen, ist, dass man sich in sieb-
> zig oder achtzig Jahren nicht verändert
> hat. Der Körper hat sich verändert, aber
> wir uns nicht. Und so entsteht natürlich
> eine gewaltige Spannung.
>
> Doris Lessing, Artikel in der *Sunday Times*

Sperlonga, August 1959. Im Club Gentili trifft
eine kleine Gruppe amerikanischer Studenten
der University of Southern California (USC) ein.
Eingeladen hat die vier eine junge Amerikane-
rin namens Tove, die sämtliche Vergnügungspro-
gramme des von uns italienischen Urlaubsgäs-
ten gern besuchten Clubs organisiert. Zu Ehren
der Neuankömmlinge wird eine Party im Wild-
west-Stil veranstaltet. Die Amerikaner erklären
sich sofort bereit, selbst aktiv zu werden, Musik
zu machen und Country-Songs zu singen, die für
uns so etwas Exotisches haben. Ihre Fröhlichkeit, ihre Bereitwilligkeit, unsere Art des Ferien-
machens am Meer zu akzeptieren, und auch die

Tatsache, dass sie so anders sind als die Jungs aus dem Ort, nehmen uns Mädchen vom Club sofort für sie ein. Und auch sie lassen sich von der Schönheit des Mittelmeers bezaubern.

Für alle war es eine sehr vergnügliche Woche. Fotos und Filme haben die Erinnerung an diese so freie und sorglose Zeit wachgehalten. Als der Sommer zu Ende war, kehrte Tove nach Amerika zurück; sie heiratete und bekam zwei Töchter. Da mich meine Tätigkeit später oft in die Vereinigten Staaten führte, gelang es uns, in Kontakt zu bleiben. Und jedes Mal, wenn wir uns sahen, kamen wir auf diese Woche und die vier Amerikaner zu sprechen, die sie so unvergesslich gemacht hatten. Seit damals waren bereits dreißig Jahre vergangen, als Tove einen von ihnen – Doug, inzwischen ebenfalls verheiratet – wiedertraf. Zwischen den beiden funkte es sofort. Sie verließen ihre Partner, heirateten und leben bis heute glücklich wie zwei junge Verliebte. Wenn sie zusammen unterwegs sind, halten sie Händchen, als hätten sie Angst, wieder getrennt zu werden. Viele Jahre später trifft Joe, einer der vier aus Sperlonga, Tove und Doug wieder. Gemeinsam frischen sie ihre Erinnerungen an die Tage jenes glücklichen Sommers auf, und Joe erkundigt sich, ob sie etwas von den anderen wüssten, die zu der Clique gehört hatten, vor allem von mir, Caterina.

Seit einem Jahr erhalte ich nun im Durchschnitt drei oder vier E-Mails pro Tag, eine zärtlicher und leidenschaftlicher als die andere. Anfangs habe ich sie nur zum Spaß beantwortet, dann habe ich mich von dem sich steigernden Rhythmus und der wachsenden Glut dieser Worte anstecken lassen. Ich habe – mündlich und schriftlich – Ausdrücke benutzt, die ich nie im Leben verwendet hatte (schon gar nicht im Englischen). Ich habe gescherzt und gelacht wie seit Jahren nicht mehr, und alle sagen, ich würde besser aussehen. Mir kommt es fast so vor, als wäre die Kruste des Alters aufgebrochen, zumindest teilweise. Trotz meiner Zipperlein fühle ich mich voller Leben und viel jünger.

Das Problem ist, dass ich E-Mail-süchtig geworden bin. Wenn ich einmal an einem Tag keine Nachrichten bekomme, werde ich nervös und ungeduldig. Ich muss damit aufhören, weil ich sonst noch verblöde... Ich empfinde sogar Eifersucht auf dieses Hirngespinst, das ja nur aus Wörtern auf einem Bildschirm besteht, das ich nicht kenne und das, wie ich, zweiundsiebzig Jahre alt ist. Ich stelle mir den Mann mit anderen Frauen (!) vor, die ihn umgarnen und sich in sein Leben drängen wollen. Doch kaum erhalte ich eine zärtliche, amüsante, leidenschaftliche Mail, werde ich wieder fröhlich, unbekümmert, heiter... wie ein Teenager!

Vor einiger Zeit sind wir vom Mailen zum Telefonieren übergegangen, und hier wird der Vergleich mit dem Teenager noch zutreffender. Da ist er wieder, der Backfisch von vor fünfzig Jahren, der auf den Anruf seines Verehrers wartet, am Telefon klebt und sich ärgert, wenn jemand die Leitung blockiert.

Jetzt warte ich auf den gar nicht mehr fernen Augenblick, in dem wir uns von Angesicht zu Angesicht gegenüberstehen werden. Ich habe große Angst vor unserer Reaktion, wenn wir sehen, wie unsere Körper sich verändert haben, wenn wir unsere faltigen Gesichter sehen. Wir hatten damals überhaupt keine sexuellen Kontakte, aber wir haben uns als jung und schön im Gedächtnis – so, wie wir eben vor fünfzig Jahren waren.

Wenn die Begegnung der Instinkte und Persönlichkeiten, wenn der geistige Gleichklang unsere »Wahlverwandtschaft« zu neuem Leben erweckt hat, wie wird sich dann eine Begegnung von Angesicht zu Angesicht auf uns beide auswirken? Wird es uns gelingen, unsere physischen Mängel zu akzeptieren und zu lieben, so wie wir gelernt haben, unsere intellektuellen Vorzüge zu schätzen? Unsere E-Mails waren jedenfalls vielversprechend.

Von: joallen@binet.com
An: catemucc@itweb.it
Betreff: Sommer 1959

Caterina, Caterina... Bist Du wirklich dieselbe bildhübsche blonde Cati, der ich in jenem unvergesslichen Sommer '59 in Sperlonga begegnet bin? Zusammen mit Elsa, Maria – und wie hießen die anderen? Im Moment fällt es mir nicht ein. Und Du, erinnerst Du Dich an mich, Joe, den Langen mit den roten Haaren? Ich war in einer Gruppe zusammen mit Pete, Tove, Doug und den anderen Jungs von der USC, die damals die fantastischen Strände von Sperlonga unsicher machten. Weißt Du auch, dass sich Tove und Doug nach all den Jahren zufällig auf einer Reise begegnet sind, dass sie sich ineinander verliebt haben, sich schon nach wenigen Monaten von ihren Partnern haben scheiden lassen und einander geheiratet haben? Noch heute sind sie wie zwei Turteltauben. Wirklich eine romantische Liebe! Und das in ihrem Alter – das heißt, in *unserem* Alter! Ich habe Doug angerufen, um ihn zu beglückwünschen, und am Ende wurden wir von unseren Jugenderinnerungen überwältigt. Tove hat mir erzählt, dass ihr beide in Verbindung geblieben seid, und sie hat mir Deine Telefonnummer gegeben. Darf ich Dich einmal anrufen? Hier ist die Nummer, die sie mir genannt hat: Stimmt sie noch?...

Von: catemucc@itweb.it
An: joallen@binet.com
Betreff: Sommer 1959

Lieber Joe, die Nummer stimmt. Ich würde mich freuen, wenn Du mich einmal anrufen würdest; es wird schön sein, nach so langer Zeit Deine Stimme wieder zu hören! Mit herzlichem Gruß, Cati

Joe: Es war fantastisch, gestern Abend Deine Stimme am Telefon zu hören. Ich möchte, dass Du weißt, dass ich in all diesen Jahren sehr oft an Dich gedacht habe … Du warst immer in meinem Herzen und in meinem Sinn. Wann hast Du Geburtstag? Ich habe beschlossen, Dich zu besuchen. Verrate mir nur den Monat und den Tag, das Jahr interessiert mich nicht. Meinen Geburtstag darfst Du jedenfalls gleich wissen: Es ist der 15. Dezember 1937. *Love*, Joe.

Cati: Danke für die Fotos. Mein Geburtstag ist der 15. März, das Jahr ist dasselbe wie bei Dir! Leider wird es dann zu kalt zum Baden sein, aber ich freue mich sehr, Dich wiederzusehen. Mit ganz herzlichen Grüßen, Cati

Joe: Zu kalt zum Schwimmen? Dann gehen wir eben tanzen! Oder wir setzen uns Hand in Hand an den Kamin und erzählen uns, wie sympathisch, schön und klug wir sind. Und wie geistreich. Entscheide Du, ich mache alles mit. Wie heißt Du jetzt mit Nachnamen?

Cati: Ich heiße immer noch Mucci. Ich lebe seit vielen Jahren allein. Erzähl mir mehr von Dir, wo Du wohnst, was Du machst, wieso Du Dich so plötzlich an mich erinnert hast. *Love*, Cati

Joe: Mucci gefällt mir. *Du* gefällst mir, meine liebe, schöne Cati... Keineswegs plötzlich!... Ich hab es Dir doch gesagt... Du bist mir seit jenem wunderschönen Sommer weder aus dem Sinn noch aus dem Herzen gegangen... Ich habe so viele Erinnerungen an Dich und an Sperlonga... Das Eis... Der nächtliche Spaziergang zu den Ruinen... Das Kap unter uns, das zum Meer hin abfällt, die Käse-Panini und der lokale Weißwein auf dem Hügel... der Klang Deiner Stimme... Ich habe nichts vergessen.

Und jetzt – es ist einfach fantastisch! – wird mir warm ums Herz, wenn ich Deine Stimme wieder höre, Deine Worte lese, Deinen Geist wieder spüre... Hier also meine Geschichte. Nach diesem wunderbaren Sommer 1959 habe ich in der Steuerberaterkanzlei angefangen, in der mein Vater Teilhaber war. Ich habe mindestens drei- oder viermal im Jahr an Dich gedacht, mich gefragt, wo Du bist, wie es Dir geht, wie Dein Leben verlaufen ist… 1962 habe ich Susan geheiratet, die ich an der Universität kennengelernt hatte.

Mein Vater starb 1966, und ich verließ die Kanzlei und gründete meine eigene. Nach ein paar Jahren – also, sagen wir nach ungefähr zehn Jahren – arbeiteten schon einhundertzweiundsechzig Leute für mich.

Vier Jahre später ließ ich mich von Susan scheiden; ich war damals so fix und fertig, dass ich mich in psychiatrische Behandlung begab. Ich musste schon wegen meiner Kinder wieder zu Kräften kommen. Musste gegen die Depression ankämpfen und vor allem gegen den Alkohol. Er spielte eine große Rolle in meinem Leben, auch schon damals. Der Arzt, der mich behandelte, ging mit seinen Fragen weit in die Vergangenheit zurück, bis zu meiner Mutter, die 1948 starb. Vielleicht infolge des Verlusts der Mutter in einer entscheidenden Phase der Kindheit war ich immer vor Schüchternheit wie gelähmt und zugleich intensiv von weiblicher Schönheit und Präsenz fasziniert. Das Geheimnis der Frau zog mich an, so, wie ich mich zu Dir hingezogen fühlte. Cati, ich wollte Dich immer danach fragen… am letzten Tag, als wir zusammen in Rom waren, Du und ich, da spürte ich eine Schwingung zwischen Dir und mir, ein Gefühl der Wärme. Immer habe ich mich gefragt: Habe ich mich geirrt? Aber selbst wenn nicht – ich hätte damals trotzdem nicht gewusst, wie ich darauf hätte reagieren sollen. Ich spüre sie noch heute, diese Schwingung, und ich wollte, ich hätte reagiert. Ich war ein Angsthase.

Nach dieser langen Geschichte fallen Dir sicher schon die Augen zu. Ich mache jetzt Schluss. Immer Liebe, immer Cati

Cati: Lieber Joe, ich antworte Dir später auf alles. Vorläufig nur so viel: Ja, es stimmt, dass ich mich sehr zu Dir hingezogen fühlte und enttäuscht war, weil Du Dir nicht hast anmerken lassen, dass es Dir genauso ging. Liebe Grüße, Cati

Joe: Ist es nicht fantastisch, was uns widerfährt? Ist es nicht lustig? Mich hat es sehr berührt, als Du mir schriebst, dass Du seit Jahren allein lebst. In Rom ist es jetzt 4:12 Uhr morgens, und Du schläfst noch. Cati, mein Liebling... Der Zeitunterschied zwischen Rom und Kalifornien bedeutet, dass einer von uns dem anderen immer Gute Nacht sagen muss. Aber ich denke, die Morgendämmerung ist... ist der beste Augenblick (findest Du das auch?)... Ich lasse Dich also noch ein paar Stunden weiterschlafen... Ich schaue Dich nur an... mit einem Lächeln... und dann sage ich zärtlich »Guten Morgen!« Und dann...? *Love,* Joe.

Cati: Vor einer Stunde habe ich versucht, Dich anzurufen, aber eine Stimme sagte mir, dass Dein Telefon gesperrt ist. Was soll das heißen??? Eine feste Umarmung von Cati

Joe: Im Augenblick ist alles etwas kompliziert... Ich bekomme eine neue Adresse... und ich muss in die Bibliothek, um ins Internet zu gehen, deshalb habe ich Dir nicht jeden Tag geschrieben.

Nach mehrwöchigem Schweigen:

Cati: Lieber Joe, was ist los? Was ist passiert? Ich habe nichts mehr von Dir gehört. Guten Tag und sei umarmt von Cati

Joe: Das hier ist meine neue E-Mail-Adresse. Entschuldige, dass ich Dir nicht geschrieben habe, aber Du sollst wissen, dass ich immer an Dich gedacht habe. Gottes Segen und viele lange, leidenschaftliche, heiße und feuchte Küsse. Ich will Dich überall küssen, Cati. Joe

Cati: Mein Liebling, findest Du nicht, dass Du mit Deinen Grüßen ein bisschen zu weit gegangen bist!!? Danke dafür, dass Du mich heute früh angerufen hast. Es hat mich glücklich gemacht, und ich habe noch den ganzen Tag vor mich hin gelächelt. Manchmal, wenn ich auf der Straße unterwegs bin, erinnere ich mich an Dinge, die Du mir gesagt hast, und muss grinsen. Wahrscheinlich halten mich die Leute für leicht übergeschnappt. Dabei bin ich nur sehr glücklich, dass ich wieder Kontakt zu Dir habe. Viele, viele Küsse, Cati

Joe: Ich bin bei jedem Schritt, den Du machst, und bei jedem Schlag Deines Herzens bei Dir... Ich bin bei Dir... und ich liebe Dich, Cati. Joe

Cati: Das hast Du auf eigene Gefahr gesagt. Ich nehme diese Neuigkeit zur Kenntnis. Bist Du Dir sicher, mein liebster Freund? Ich umarme Dich, Cati

Joe: Ja, ja... und nochmals ja!!!
Wenn nichts dazwischenkommt, werde ich zu Deinem Geburtstag in Rom sein, meine liebste Cati.

Weihnachten rückt näher. Joe fragt Cati nach ihren Lieblingssängern, und sie stellen fest, dass es auch seine sind. Die Briefe werden immer zärtlicher (die von Cati) und erotischer (die von Joe). Jetzt gehen täglich mehrere E-Mails zwischen ihnen hin und her. Bis zum 28. Dezember:

Cati: Mein Liebling, mit Deinem Telefon habe ich offenbar Pech. Hoffentlich ist nichts Schlimmes passiert. Mein Liebling, wenn Du aufwachst, schreib mir bitte kurz, damit ich beruhigt sein kann. Alles Liebe, Cati

Sechsundzwanzig Stunden später...

Cati: Mein Schatz, warum tust Du mir das an? Wieso dieses lange Schweigen? Ich bin traurig und niedergeschlagen. Ciao, Cati

Vierundzwanzig Stunden später...

Joe: Ich liebe Dich, Cati, und ich würde Dir niemals absichtlich wehtun. Niemals. Es war idiotisch von mir, Dir nicht vorher Bescheid zu geben, dass ich für ein paar Tage nicht in der Stadt sein werde. Ich verspreche dir, das wird nicht wieder vorkommen.

Cati: Ciao, mein Engel, ich bin ja so erleichtert! Es gibt Dich, Du bist da, und eines Tages treffen wir uns vielleicht.

Joe: Cati, Geliebte, so lange habe ich eine Freundin gesucht, eine Seelenverwandte, eine Liebe (ich kenne kein besseres Wort). Wie Du es inzwischen geworden bist. Jemanden, der zuhören und tief empfinden kann. Ich habe Freundinnen hier (drei), die ich oft »sehe«, aber nie hätte ich geglaubt, dass ich diese so seltenen und schwer definierbaren Eigenschaften finden könnte, nach denen ich gesucht hatte. Doch dann kamst Du. Unfassbar.

Cati: Mein Schatz, ich staune jeden Tag über dieses Wunder, dass wir uns auf Anhieb verstanden haben. Und ich habe auch große Angst, dass das Wunder in dem Augenblick verpufft, in dem wir uns gegenüberstehen. Ich werde mich schön machen, so gut ich kann, wenn Du kommst. Und Du, wirst Du das auch für mich tun, mein Liebster? *Love and kisses*, Cati

Joe: Du brauchst keine Angst zu haben. Ich weiß natürlich, dass Du nicht mehr so jung bist wie damals, als wir uns kennengelernt haben; ich bin ja auch älter geworden. Aber für mich bist Du zauberhaft, ein Bild von Botticelli, ein wunderbares Wesen.

Cati: Vielleicht interessiert es Dich zu erfahren, dass ich mir heute ein entzückendes blassrosa Negligé mit cremefarbener Spitze gekauft habe. Gute Nacht, Liebster!

Joe: Ich bin ganz verwirrt. Ich habe zuerst das Wort Negligé gelesen und dann erst den Rest. Ob es mich »vielleicht« interessiert? Ja, mein Liebling, und wie es mich interessiert! Cati. Und dann nimmst Du mich auch noch auf den Arm mit Deinem »Gute Nacht, Liebster!« Cati, ich liebe Dich.

Einige Tage später…

Joe: Ich glaube, in Dir eine Gefährtin fürs Leben gefunden zu haben… Indessen gibt es, wie ich Dir schon geschrieben habe, drei Damen, die mir, geografisch gesehen, nahe sind und mit denen ich in den letzten Jahren meine Zeit verbracht habe. Ich will diese drei Beziehungen nicht zerstören, bevor Du und ich endlich das Glück haben, zusammen zu sein… Ich liebe Dich, Cati, das weißt Du…

Cati: Dein Brief hat mich total verwirrt, ich habe ihn nicht richtig verstanden.

Joe: Ich wollte Dir sagen, dass mein Verhältnis zu den drei Damen sich verändert hat, seit Du aufgetaucht bist. Aber weil mir das Geld fehlt, nach Italien zu kommen, hat sich die Lage enorm verkompliziert. Unsere Geschichte ist in der Schwebe geblieben, und deshalb habe ich beschlossen, diese Beziehungen nicht vorzeitig aufzugeben, denn ich habe in sie investiert, und mit den Jahren haben sie an Wert gewonnen. Ich rufe Dich um 7:30 Ortszeit Rom an. Ich liebe Dich, wirklich. Joe

Cati: Unser Telefonat war wunderbar, ich fühle mich jetzt so leicht. Ich möchte allen, denen ich begegne, einen Kuss geben. Danke, mein Liebling. Ich will Dich umarmen und an mich drücken. Noch einen Kuss, Cati

Catis Geburtstag rückt näher. Joe macht keine Anstalten, sein Versprechen zu halten:

Cati: Mein Liebster, rufst Du mich an? Schreibst Du mir? Was ist los? Ich bin zu Hause. Bitte antworte mir.

Joe: Mein Auto ist kaputt, und mit der Reparatur wird es dauern. In der Zwischenzeit bin ich bei einer Freundin, möchte aber nicht ihr Telefon benutzen. An dem Tag, an dem wir zusammen sind und beschließen, den Rest unseres Lebens gemeinsam zu verbringen, wird es für mich keine andere mehr geben. Wenn diese Fernbeziehung für Dich aber zu lästig wird, ziehe ich mich zurück.

Cati: Ich bin Dir für Deine Aufrichtigkeit dankbar. Aufrichtigkeit ist das Wichtigste. Ich frage mich, ob es nicht besser wäre, jetzt Schluss zu machen. Aber NEIN. Ich will, dass es Dich gibt, weil Du mir, auch wenn Du mir gelegentlich wehtust, so viel Freude bereitest, und ich bin mir sicher, dass Du mich liebst.

Nachdem ein Jahr seit Beginn des Mailwechsels vergangen ist, herrscht bei Joe wieder einmal Funkstille.

Von: Calypso Lovatt callovatt@aol.com
An: catemucc@itweb.it

Mit großem Interesse habe ich die Mails gelesen, die Sie und Joe ausgetauscht haben. Wussten Sie, dass ich, während er Ihnen per E-Mail seine Küsse schickte, fast jedes Wochenende leibhaftig Küsse von ihm bekam, im ganzen letzten Jahr auch an den Urlaubstagen? Wir waren in Newport Beach, auf Santa Catalina, auf Hawaii und in Franklin Hills. Zusammen, im selben Bett. Unseren Freunden hat er gesagt, dass er mich heiraten will. Während Sie ihn dieses Wochenende telefonisch zu erreichen versuchten, war Joe bei mir, aß mein Essen, trank meinen Likör und ließ sich volllaufen. Heute Morgen ist er – hoffentlich auf Nimmerwiedersehen – abgereist. Sie müssen wissen, dass Joe ein hoffnungsloser Alkoholiker, ein Lügner und ein Meisterschwindler ist. Er hat mehrere Leute und die Firma, die er angeblich so liebt, um Tausende von Dollar gebracht. Telefone und Computer dort sind jetzt gesperrt; weder die Gehälter noch die Miete wurden bezahlt. Wenn er Glück hat, wird er wegen seiner Alkoholabhängigkeit behandelt, sonst könnte er im Gefängnis landen oder eben am Alkohol zugrunde gehen. Sie können sich alles, was ich sage, von einigen Ihrer gemeinsamen Freunde bestätigen lassen, und wenn Sie ihn lieben, beschwören Sie ihn, die dringend nötige ärztliche Hilfe in Anspruch zu nehmen. Ich habe während der letzten fünf Tage vergeblich versucht, ihn davon zu überzeugen.

Es tut mir leid, Ihnen so schlechte Nachrichten zu überbringen. Aber keine Sorge. Weder Sie noch er werden je wieder von mir hören. Calypso

6

Wer sucht, der findet
(und verliert keine Zeit)

Denn Alter gibt so gut Gelegenheit,
Wie Jugend selbst, wenn auch in and'rem Kleid.
Verdrängt die Nacht das Zwielicht nach und nach,
Seh'n wir die Sterne, unsichtbar am Tag

Henry Wadsworth Longfellow, *Morituri Salutamus*

Von einer ersten Kontaktaufnahme haben wir immer eine romantische Vorstellung. Eine elegante Dame besucht einen Vortrag, zu dessen Umrahmung ein ausgezeichnetes Saxofonquartett Stücke von Renaissancemusik bis Jazz spielt, und ein vornehmer Herr spricht sie an. Sie wisse doch bestimmt, was für ein Instrument das kleinste sei. Ob es tatsächlich auch ein Saxofon sei. Sie kommen ins Gespräch, er lädt sie zu einem Aperitif ein, ein Flirt beginnt. Mit der Realität jedoch hat solch eine romantische Vorstellung selten etwas zu tun, sagen die Experten. Im wirklichen Leben ist fast immer einer der beiden glücklich verheiratet, oder der andere will tatsächlich nur etwas über Saxofone wissen. Niemand läuft mit einem Schildchen am Revers herum, auf dem steht: Ich bin Single und suche eine/n Partner/in. Und je älter man wird und je höher der Bildungsgrad ist, desto schwieriger wird es, einen Partner zu finden. Im Bekanntenkreis schwinden die Möglichkeiten, jemanden kennenzulernen, weil die Freunde von Freunden von Freunden immer weniger werden.

Caterinas Geschichte hat uns gezeigt, wie stark Gefühle sein können, die durch wachgerufene Erinnerungen, durch erotische und romantische Briefe und Fantasien ausgelöst werden. Mit der realen Person haben sie oft wenig zu tun. Leider nehmen Begegnungen mit alten Bekannten nicht immer ein gutes Ende. E-Mails und Online-Chats können dazu führen, dass wir den anderen idealisieren und uns in eine Fantasiebeziehung hineinsteigern, völlig abgehoben von dem, was sich zwischen Menschen abspielt, die sich physisch nahe sind. Intimität ist online oft leichter herzustellen – zumindest kann man sich das einbilden.

Trotz alledem bleibt das Internet ein großes Reservoir von Chancen. In der virtuellen Welt gelten andere Regeln. Immer mehr Menschen, junge wie alte, gehen im Netz auf Partnersuche – ein Trend aus den USA, der sich jetzt auch in Europa verbreitet, auch unter Frauen. Partnersuche via Internet ist mittlerweile gesellschaftlich akzeptabel. Sicher, noch geben nur wenige zu, dass sie – im besten Fall – eine Kontaktaufnahme mit glücklichem Ausgang suchen. Die meisten schweigen sich nicht etwa deshalb darüber aus, weil es anstößig erscheint, das Internet dafür zu nutzen, sondern weil niemand gern eingesteht, dass er auf der Suche ist. Einen Partner zu finden ist für Frauen nach wie vor schwerer als für Männer, denn einerseits leben sie länger und machen zwei Drittel aller Alten aus, andererseits entscheiden Männer sich oft für jüngere Frauen, getreu der von Susan Sontag so genannten »Doppelmoral des Alterns«.

Online-Dating ist in den Vereinigten Staaten bereits sehr weit verbreitet. Einer von »Match. com« in Auftrag gegebenen Studie zufolge steht das Internet im Hinblick auf Chancen zur Kontaktaufnahme bereits an zweiter Stelle (nach Schule und Arbeitsplatz). Sehr viele Menschen haben sich auf der Suche nach alten und neuen Bekannten bei Facebook angemeldet. Aber auch in Europa ist dieser Weg der Partnersuche beliebt. In Deutschland haben im Jahr 2009 von 17 Millionen über Achtundsechzigjährigen 12 500 einen Ehepartner über das Internet gefunden; der älteste Mann war achtundneunzig, die älteste Frau sechsundneunzig. Und im vergangenen Jahr hatte sich von den 2,7 Millionen neuen Paaren jedes dritte über das Netz kennengelernt. In Italien nutzen nur zweieinhalb Millionen über Siebzigjährige das Internet – eine weit unter dem europäischen Durchschnitt liegende Zahl, die auch erklärt, warum die Partnersuche über das Internet hier weniger stark ins Gewicht fällt. Aber immer mehr Menschen über siebzig leben allein, und auch bei uns in Italien erkennen sie immer öfter, dass es leichter ist, zu Hause ein paar Klicks zu machen, als in Tanzcafés oder bei Theatermatinees mühsam nach einem/einer Seelenverwandten Ausschau zu halten.

Die einzige Unannehmlichkeit dabei ist die Registrierung, denn da muss man ein umfangreiches und weit ausgreifendes persönliches Profil anlegen und Fragen beantworten, auf die man nach jahrelangem Singledasein nicht so leicht eine Antwort findet. Etwa: Was erwartest du von einem Partner? Was erwartest du von einer Beziehung? In München hat eine vierzigjährige Mutter zweier Kinder, die im Zuge der Krise von 2008 ihre Stelle als IT-Beraterin verloren hatte, ein sehr erfolgreiches Internetportal namens Netzwerker 50plus gegründet, um Siebzigjährigen ihre Berührungsängste mit dem Internet zu nehmen. Es existieren auch Portale, die speziell auf über Achtzigjährige zugeschnitten sind.

Natürlich ist der Erfolg nicht garantiert, aber viele Portale bürgen dafür, dass ihre Mitglieder spätestens nach zwei Jahren die Person finden, die sie suchen. Diesen spezialisierten Internetportalen gelingt es, in kurzer Zeit altersmäßig zusammenpassende Menschen mit ähnlichem Geschmack, kompatiblen Lebensläufen und vergleichbaren Weltanschauungen zusammenzubringen. Die gleichen Interessen oder die gleiche Aversionen zu haben – sich für Mahler oder Tango zu begeistern, Fotografie und Artischocken zu lieben, über bestimmte Blödelfilme zu lachen, Geranien zu verabscheuen und darin übereinzustimmen, wie viel man höchstens für eine Flasche Wein ausgeben sollte – dies also ist nach Meinung der Verantwortlichen in den Partnervermittlungsagenturen von fundamentaler Bedeutung. Wenn sich Leute in Bezug auf ihren Lebensstil einig sind, ergibt sich das Übrige von selbst.

Die Partnersuche über das Internet kann unvorhersehbare Folgen zeitigen. So erzählte eine sechzigjährige Freundin, dass sie sich nach vier enttäuschenden Kontaktaufnahmen einem Mann gegenüberfand, den sie auf einer Party keines Blickes gewürdigt hätte. Doch während sie sich bei einer Tasse Kaffee unterhielten und redeten und redeten, wurde ihr plötzlich klar, dass sie den Richtigen gefunden hatte. Der Funke war übergesprungen, als sie feststellten, dass ihre Ehepartner beide psychisch krank gewesen waren. »Von dieser gemeinsamen Erfahrung ausgehend, habe ich bemerkt, dass auch alles Übrige passte«, erzählte sie uns. Verblüfft hatte sie – ihr Kaffee war inzwischen längst erkaltet – zu ihrem Gesprächspartner gesagt: »Mir ist, als wäre ich zu Hause angekommen.« Und ihm war es genauso ergangen.

Für Woody Allen wäre das Internet ein wahrer Segen gewesen, genauer gesagt für Babcock, den Protagonisten seiner in den Siebzigerjahren spielenden Kurzgeschichte *The Whore of Mensa*. Babcock sucht eine »intellektuelle Prostituierte«, mit der er sich über Proust, Eliot und Yeats unterhalten kann. Er halte sich zwar für einen glücklich verheirateten Mann, bekomme aber von seiner Frau nicht die intellektuelle Anregung, die er brauche, »was mir zum Zeitpunkt unserer Heirat leider nicht bewusst war«. Das Bordell, an das er sich wendet, bietet ihm nun eine kultivierte Auslese an, darunter zwei achtzehnjährige Mädchen, von denen er sich Noam Chomskys Theorien erklären lassen kann.

Damals, in den Siebzigerjahren, musste sich Babcock vielen Unannehmlichkeiten aussetzen; heute würde er alles, was er sucht, im Netz finden. Einschlägig spezialisierte Portale, so etwa Lib-dating der belgischen Bibliotheken, bieten die Möglichkeit der Kontaktaufnahme bei einem Glas guten Rotweins in ihren Lesesälen. »Match. com« hat für Bücherfreunde seine Seite mit Penguin Books verlinkt. Um sich bei diesen Portalen anzumelden, muss man nicht einmal Alter oder Gewicht offenlegen, wie es andere spezialisierte Portale verlangen. Man muss nur seinen Lieblingsautor nennen und seine Wahl begründen. »Ich habe dieses Buch vor Kurzem gelesen, und es hat mein Leben verändert«, schrieb ein sechzigjähriger Mann, der *Das Drama des begabten Kindes* von Alice Miller gelesen hatte. Im Internet fand er eine Dame, die – wie er – als Kind der Stolz ihrer Eltern gewesen war, als Erwachsene aber deren Idealbild einer Tochter nicht hatte gerecht werden können.

Damit ist das Ende der schüchternen, vorsichtig formulierten Annoncen »Einsamer Herzen« besiegelt. Dank dem Internet ist es nicht nur einfach geworden, einen Partner zu suchen. Hat man erst einmal seine Schwellenängste im Hinblick auf Sicherheit und Privatsphäre überwunden, erhält man außerdem Zugang zu einer ganzen Fotodokumentation, sodass man unerwünschte Personen von vornherein aussortieren kann.

Auch ein anderes Tabu fällt – das der Frau, die älter ist als der Mann. Untersuchungen zeigen, dass immer mehr junge Männer reife Frauen suchen. In einem einschlägigen Bericht des *British Medical Journal* kann man E-Mails wie die folgende lesen: »Ich bin ein Mann von siebenundvierzig Jahren und habe eine Affäre mit einer sechsundsiebzigjährigen Frau! Ich muss sagen, dies ist der schönste Augenblick meines Lebens!!! Der Sex gefällt mir, wir haben jeden Tag Sex, am Morgen und am Abend. Wir küssen uns, ihr Busen ist nicht mehr so, wie er einmal war, aber was soll's? Ich fühle mich so wohl! Mit meiner Exfrau konnte ich nicht mehr als einmal pro Woche Sex haben, und auch dann war sie immer müde!« (schreibt ein gewisser Randy am 19. Februar 2010).

Auf der Suche nach einer Bestätigung habe ich im Oktober 2010 bei einem deutschen Internetportal folgende Annonce veröffentlicht: »Lebenslustige Siebzigjährige, finanziell unabhängig, sucht vitalen Mann zum Kennenlernen und für schöne Stunden.« Innerhalb weniger Tage bekam ich über zweihundert Antworten. Wir zitieren hier nur die Reaktionen sehr junger Männer: »Ich bin sechsundzwanzig und habe keine Probleme, gleichaltrige Frauen kennenzulernen. Aber ich fühle mich unglaublich stark zu reifen Frauen hingezogen. Es gibt einige davon in meinem Büro, und ich ertappe mich immer wieder bei Fantasien über sie... Eine gebildete, intelligente, gepflegte reife Frau hat etwas, was mir wahnsinnig gut gefällt. Liege ich da falsch?« Und ein anderer: »Ich hoffe, Sie antworten mir nicht, ich sei zu jung, weil sie mit mir Sex haben möchten. Ich bin fünfundzwanzig. Wenn Sie Ja sagen, deaktiviere ich meine Mailbox sofort und bin für keine andere mehr auffindbar.« Einigen der Jüngsten haben wir offenbart, dass es sich um eine Recherche handelte und dass wir gern wüssten, was ihnen an einer Beziehung zu einer reifen Frau so attraktiv erschien. Doch keiner hat uns geantwortet.

Es gibt natürlich auch Fälle von Perversionen, obwohl wir im nächsten Kapitel eine Frau mit einschlägiger Erfahrung kennenlernen, nach deren Überzeugung es sich um eine Neigung jüngerer Männer und nicht um eine Perversion handelt. Sexualwissenschaftler erklären dazu, dass Beziehungen mit gleichaltrigen Frauen oft kurz und unbefriedigend seien, wenn die Frauen zu hohe Erwartungen hätten und die Männer unter Versagensängsten litten. Reife Frauen dagegen seien toleranter und weniger fordernd; für sie sei die Beziehung mit einem jungen Mann eine wunderbare Kompensation für die narzisstische Kränkung des Alterns.

Den Jahren mehr Leben geben

Die griechische Mythologie hat uns die Geschichte des Teiresias überliefert, des Sehers, der nach dem Willen der Götter in eine Frau verwandelt wurde. Sieben Jahre lang, bis er wieder in einen Mann zurückverwandelt wurde, lernte er alle Wonnen kennen, die einer Frau vorbehalten sind. Deshalb wandten sich Zeus und Hera an Teiresias, damit er eine Frage beantwortete, die zwischen ihnen zum Streit geführt hatte. Sie lautete: Wer empfindet die größere Lust beim Geschlechtsakt, der Mann oder die Frau? Keiner konnte das besser wissen als Teiresias. Seine Antwort: Die sexuelle Lust bestehe aus zehn Teilen, von denen neun die Frau und nur einen der Mann empfinde. Das erzürnte Hera, weil Teiresias ein Geheimnis verraten hatte, das den Männern für immer hätte verborgen bleiben sollen. Zur Strafe schlug sie ihn mit Blindheit. Um ihm die Blindheit erträglicher zu machen, verlieh Zeus ihm die Gabe, die Zukunft vorherzusehen und sieben Generationen lang zu leben.

Der amerikanischen Sexualwissenschaftlerin Ruth Westheimer zufolge liegt diesem Mythos die tiefe Scham über die weibliche Sexualität in der westlichen Zivilisation zugrunde. Die Frauen versuchten seit Jahrtausenden, sie zu überwinden, meint Westheimer. Doch in Bezug auf alte Frauen besteht das Tabu nach wie vor. Eine Freundin erinnert sich, wie schockiert sie war, als ihre Mutter im Alter von siebzig Jahren ihren Mann verließ und mit einem anderen zusammenzog. Sie konnte einfach nicht glauben, dass die Mutter in den Mann verliebt war, wie sie beharrlich behauptete. Erst jetzt, im gleichen Alter wie ihre Mutter damals, räumt sie widerwillig ein, dass es wohl tatsächlich so war. Als eine fünfundvierzigjährige Kollegin vom Thema dieses Buches erfuhr, glaubte sie, sich verhört zu haben. Liebe mit siebzig? Unmöglich! Eine Diskussion mit mehreren über Sechzigjährigen genügte, um sie vom Gegenteil zu überzeugen.

Alte Leute sprechen aus den genannten Gründen gewohnheitsmäßig nicht über ihre Sexualität. Doch aus einer 1971 begonnenen, 2001 veröffentlichten Langzeitstudie der Universität Göteborg, die in regelmäßigen Abständen Paare im Alter zwischen siebzig und achtzig befragt hat, geht hervor, dass sich das Sexualverhalten in den letzten Jahrzehnten des zwanzigsten Jahrhunderts enorm verändert hat. 1971 gaben nur 47 Prozent der interviewten Männer und 12 Prozent der Frauen an, sexuell aktiv zu sein, und nur 10 Prozent von ihnen hatten einmal pro Woche Geschlechtsverkehr. Heute gibt ein Drittel der Befragten an, mindestens einmal wöchentlich Sex mit dem Partner zu haben, und der Anteil derer, die ein aktives Sexualleben haben, ist bei den Männern auf 70 Prozent und bei den Frauen auf 40 Prozent gestiegen. Und es handelt sich dabei nicht um die Erfüllung ehelicher Pflichten.

83 Prozent haben in der Regel einen Orgasmus, und nur wenige sagen, sie hätten in ihren sexuellen Beziehungen Probleme. Auch Erektionsprobleme scheinen an Bedeutung verloren zu haben, und zwar nicht nur dank Viagra. Sie habe etwas geschenkt bekommen, wonach sie gar nicht gesucht habe, erzählt Juliane in dem 1999 veröffentlichten Buch *Verschwiegene Lust* der Autorin Renate Daimler. Im Alter von fünfundsechzig Jahren hat Juliane Heinrich kennengelernt, mit dem sie seither glücklich liiert ist. Ähnliches berichten zwanzig weitere Frauen in Daimlers Buch.

Die Frage, wie man jenseits der siebzig lebt, ist Gegenstand einer wissenschaftlichen Untersuchung, die auf einer Studie der Deutschen Akademie der Wissenschaften beruht und erstaunliche Resultate zutage förderte. Über fünfhundert Männer und Frauen im Alter zwischen siebzig und hundert, die wiederholt in Tiefeninterviews befragt wurden, haben viele verbreitete Vorurteile gegen das Alter widerlegt. Die Siebzigjährigen fühlen sich trotz der im Laufe ihres Lebens erlittenen Verluste, Schmerzen und Schwierigkeiten nicht unglücklicher oder unzufriedener als in ihrer Jugend. Das persönliche Wohlbefinden – ein zentrales Kriterium für »erfolgreiches Altern« – lässt sich sogar steigern, wenn man bei guter Gesundheit ist und über belastbare zwischenmenschliche und gesellschaftliche Beziehungen verfügt. Erst in den Jahren unmittelbar vor dem Tod sinkt die Freude am Leben infolge zunehmender Einschränkungen der Selbstständigkeit, der Mobilität etc. Generell aber sind – zumindest bis zum fünfundachtzigsten Lebensjahr – Gesundheit und wirtschaftliche Situation der »jungen Alten« viel besser als gemeinhin angenommen. Widerlegt wird, jedenfalls für Deutschland, das Klischee der armen, einsamen und kranken Alten. Nur 3 Prozent sind arm, weniger als 10 Prozent sind in Altenheimen untergebracht, 60 Prozent leben allein in der eigenen Wohnung, und von diesen 60 Prozent sind drei Viertel Frauen. Grundsätzlich gilt, dass Frauen länger leben als Männer, auch wenn sie größere gesundheitliche Probleme haben.

Für Italien fehlen Untersuchungen dieser Größenordnung, aber die vorliegenden Studien bestätigen, dass immer mehr Menschen die Sexualität auch im reifen Alter als eine wichtige Komponente ihres Lebens betrachten und glauben, dass sie sich, wenn sie die richtige Person träfen, verlieben könnten. Nach einer CENSIS-Untersuchung über die Gesundheit der Italiener (»Salute la Repubblica«) aus dem Jahr 2009 sind nach wie vor mehr Männer als Frauen (64 gegenüber 44,6 Prozent) dieser Meinung. Die Differenz zwischen dem gefühlten und dem tatsächlichen Alter nimmt auch in Italien zu. Und je jünger sich die Menschen fühlen, desto länger leben sie.

Jeder Mensch wird auf seine Weise älter und bleibt auch im Alter der, der er war: Die individuellen Eigenschaften und Empfindlichkeiten ändern sich nicht. Wer relativ gesund ist, über gute soziale Kontakte verfügt und mit seinem Leben einigermaßen zufrieden ist, bewahrt sich auch länger seine Leistungsfähigkeit und Energie. Einige können sie dank körperlichem Training sogar auf gleichbleibendem Niveau halten oder gar steigern. Wir sprechen hier von den »jungen Alten«, Repräsentanten einer »dritten Lebensphase« zwischen dem sechzigsten und achtzigsten Lebensjahr. Die Forschung unterscheidet sie vom tatsächlichen Alter, das nach dem fünfundachtzigsten Lebensjahr beginnt, wenn Gesundheit und Wohlbefinden nachlassen und man als »hochbetagter« Mensch zunehmend auf fremde Hilfe angewiesen ist.

Innerhalb einer Generation haben wir neun Lebensjahre hinzugewonnen: Bei den Männern hat sich die Lebenserwartung von siebzig auf neunundsiebzig, bei den Frauen um acht Jahre, von siebenundsiebzig auf fünfundachtzig, erhöht. Im gleichen Maße ist auch die Zahl der Jahre gestiegen, die in guter körperlicher und geistiger Verfassung gelebt werden, also ohne die Gebre-

chen, die bis dahin mit dieser Altersstufe asso-
ziiert wurden. Die Alterskrankheiten sind doppelt so schnell zurückgegangen wie die Sterb-
lichkeit, befallen uns also immer häufiger erst
gegen Ende des Lebens. Unser biologisches Ka-
pital ist niemals so robust gewesen wie heute. In
den beiden letzten Jahrhunderten ist die Kör-
pergröße des Menschen sogar um zwanzig Zen-
timeter angewachsen – auch dies ein positives
Zeichen. Um das neunzigste Lebensjahr herum
jedoch enden all diese Fortschritte. Die Situation jenseits dieser Schwelle hat sich im Vergleich zur Vergangenheit nicht wesentlich verändert. Die neuere Forschung zur körperlichen
und geistigen Gesundheit in der »vierten Lebensphase« zielt deshalb darauf ab, »dem Leben
nicht mehr Jahre, sondern den Jahren mehr Leben zu geben«.

7

Alle haben Lust auf Mrs Robinson

Altwerden ist nichts für Schlappschwänze

Bette Davis

Elfriede war verzweifelt. Seit sie im Alter von neunundsiebzig Jahren ihre schöne Buchhandlung in der Umgebung von Wien aufgegeben hatte, litt sie unter Schlaflosigkeit. Von einem Tag auf den anderen war aus dieser rührigen und selbstständigen Frau eine einsame Rentnerin geworden. »Ich hatte das Gefühl, verrückt zu werden«, sagt sie mit ihrem sympathischen Wiener Akzent. Jahrelang hatte der Buchladen ihre ganze Kraft in Anspruch genommen und ihr keine Zeit für Freunde oder anderes gelassen. »Ich bin in eine Depression gestürzt. Ich hatte nichts zu tun, hatte niemanden, nichts. Und ich konnte nicht mehr schlafen.«

Schließlich suchte sie medizinischen Rat. Weil sie etwas zu beichten hatte, was ihr peinlich war, entschied sie sich für einen Arzt, den sie nicht kannte, in einem weiter entfernten Dorf. Sie wolle Schlaftabletten, sagte sie. Gegen die Schlaflosigkeit helfe ihr nur, flüsterte sie, »…also, ähem, wenn ich mich berühre«.

Der Arzt schaltete sofort. Zweifellos war sie nicht seine erste Patientin mit diesem Problem. Er könne ihr Pillen geben, aber ein viel wirksameres Mittel gegen Schlaflosigkeit sei… Sex. »Aber ich bin alt! Ich bin achtzig!«, rief sie aus. »Natürlich sind Sie nicht mehr jung. Aber es gibt Männer, denen gerade der sexuelle Kontakt mit Frauen Ihres Alters gefällt.« – »Aber entschuldigen Sie bitte, wo finde ich so einen Mann?«

Der Arzt verordnete ihr ein paar harmlose pflanzliche Mittel und überreichte sie ihr mit der nachdrücklichen Empfehlung: »Denken Sie an das, was ich Ihnen gesagt habe. Setzen Sie eine Annonce in die Zeitung.«

Elfriede ist eine sympathische, mittelgroße weißhaarige Frau von kräftiger, ein wenig untersetzter Statur, wie sie für ihr Alter oft typisch ist, aber mit einem lebhaften, fröhlichen Gesicht. Sie ist selbstbewusst und geistreich, und sie lacht gerne. Sie war zweimal verheiratet und hat drei Söhne. Sex aber war in ihrem Leben immer eine Katastrophe gewesen. Ihr erster Mann war aus beruflichen Gründen oft abwesend, und wenn er zu Hause war, hatte er nur selten Sex mit ihr, und stets war es ihr zuwider. Dazu fiel ihr der Kaiserin Maria Theresia zugeschriebene Kommentar ein: »Schade, dass man dabei nicht wenigstens stricken kann!« Einmal hatte sie eine Affäre mit einem verheirateten Mann aus ihrem Freundeskreis, einem Tänzer gehabt. Es war das einzige Mal, dass sie beim Sex Lust empfand, vielleicht das einzige Mal in ihrem Leben, dass sie so etwas Ähnliches wie einen Orgasmus hatte. Aber ihr Mann kam hinter die Sache und reichte die Scheidung ein. Sie heiratete noch einmal, doch ihr zweiter Mann entpuppte sich als Alkoholiker, er führte sich noch unflätiger und primitiver auf als der erste, und das hinderte sie daran, überhaupt Sex mit ihm zu haben. Sie ließen sich scheiden, und in den letzten vierzig Jahren hatte Elfriede nie mehr mit einem Mann geschlafen.

Die vom Arzt verschriebenen Medikamente erwiesen sich als wirkungslos, und so blieb ihr nichts anderes übrig, als die Annonce aufzugeben. Elfriede war mit allen Hemmungen einer Frau des Jahrgangs 1929 gesegnet, einer Generation, für die jegliches Gespräch über Sex, ja auch nur der Gedanke an Sex tabu war. »Ich hatte lauter eingebaute Bremsen und musste mir selbst gut zureden. Leicht war das nicht.«

Schließlich fand sie den Mut, ein Inserat in die Zeitung zu setzen, für das sie sich zehn Jahre jünger machte. Innerhalb weniger Tage erhielt sie eine Menge Zuschriften, und auch als sie eine zweite Annonce aufgab, dieses Mal mit ihrem wahren Alter, ließ die Flut nicht nach. Es kamen Hunderte von Briefen. Sie las sie aufmerksam durch, warf die obszönen, beleidigenden und irgendwie befremdlichen weg und rief die Verfasser der interessantesten Schreiben an. In den ersten vier Monaten zeigten sich ungefähr fünfzig Männer in ihrer kleinen Wohnung in Laxenburg, einem Städtchen außerhalb von Wien. Die Kontaktaufnahme begann mit einem lockeren Gespräch bei einer Tasse Kaffee. Wer Elfriede aus irgendeinem Grund nicht gefiel, wurde von ihr höflich hinauskomplimentiert. Mit den anderen begann sie ein sexuelles Leben, das anders war, als sie – und mit ihr die meisten Frauen ihres Alters – es je erlebt hatte.

Die Männer waren zwischen siebenundzwanzig und sechzig, einige enttäuschend, andere wunderbar. Von Letzteren waren die meisten jung. Die über Fünfzigjährigen sortierte Elfriede praktisch von Anfang an aus – sie hätten Erektionsprobleme gehabt, sagt sie. In der Regel sah sie die Männer nicht öfter als einmal: Nach zwei Ehen, die so gründlich schiefgegangen waren, strebte sie keine dauerhafte Paarbeziehung mehr an. Aber es machte ihr Spaß, sich mit den Männern zu unterhalten, und wenn sie Probleme mit ihrer Gefühlswelt oder ihrer Ehe hatten, spendete sie gern Rat und Trost.

Einmal hatte sie sich all ihren Vorsätzen zum Trotz verliebt. Es war ein lebhafter und spontaner verheirateter Mann von vierzig Jahren namens Gerald, und er gab ihr Dinge, »die mir, wie mir erst jetzt klar wurde, zugestanden hätten, die mir meine Ehemänner aber vorenthalten hatten. Er vermittelte mir dieses unglaubliche Gefühl, dass alles gut gegangen ist und gut gehen wird und dass etwas, wenn es nicht sofort klappt, eben später klappen wird.« Doch sie hatte beschlossen, sich nicht tiefer auf die Beziehung einzulassen. »Ich musste mich schützen. Außerdem wäre Liebeskummer Zeitverschwendung gewesen. Ich bin jetzt schon zu alt, um mir so etwas leisten zu können.«

Um sich nicht tiefer in die Sache zu verstricken, nahm sie sich neben Gerald noch drei weitere feste Liebhaber, Männer, die ihr gefielen und mit denen sie hin und wieder gern zusammenkam. Jeder von ihnen, Gerald inklusive, wusste, dass er nicht der Einzige war. Unterdessen versiegte der Zufluss der Antworten auf ihre Inserate, und sie hörte auf, neue Kontakte zu knüpfen.

Elfriede hatte sich verwandelt. Alle ihre Hemmungen hatten sich in nichts aufgelöst. »Wenn ich mir am Morgen die Zähne putzte, betrachtete ich mich im Spiegel. Es mag lächerlich klingen, aber ich hatte das Gefühl, gerade meine besten Zeiten zu erleben. Ich war alt und sah mir mein Gesicht genau an. Während ich mich früher, wenn ich mich zufällig in einer Schaufensterscheibe oder einem Spiegel sah, manchmal gar nicht wiedererkannt hatte, fand ich mich jetzt attraktiv. Was ich sah, war eine unternehmungslustige, neugierige Frau. Ich hatte etwas, was den Männern gefiel.«

Während sie gegen ihre Zweifel und Hemmungen ankämpfte, schrieb sie ein Buch über ihre Geschichte (Elfriede Vavrik, *Nacktbadestrand*, Edition a, Wien 2010). Darin schilderte sie sehr freimütig und detailliert ihre Begegnungen mit verschiedenen Männern. Und nicht nur das: Zwischen den Kapiteln fügte sie eine Reihe erotischer Fantasien ein, die recht drastisch ausfielen. Ihre größte Sorge war, dass sich ihre Söhne darüber entrüsten würden. Doch als sie nach langem Zögern ihren ganzen Mut zusammennahm und mit ihnen über ihr Vorhaben sprach, reagierten sie zu ihrer großen Erleichterung geradezu enthusiastisch. »Mutti, du bist fantastisch!«, sagte einer, und ein anderer machte einen Verlag für sie ausfindig.

In den deutschsprachigen Ländern wurde das Buch ein Bestseller, die Filmrechte hat Elfriede bereits verkauft. Sie wird ständig in Fernseh-Talkshows eingeladen, Tages- und Wochenzeitungen bitten sie um Interviews. Von einem Tag auf den anderen hat sie dadurch, dass sie so offenherzig und begeistert über Erotik im Alter schrieb, ein gewaltiges Tabu gebrochen.

Elfriede und ihr Buch wurden zu einem großen Medienerfolg. Natürlich haben sie auch Kontroversen ausgelöst. »Die jungen Frauen sind mir dankbar«, berichtet sie. »Die Besitzerin der Bäckerei, in der ich einkaufe, ist mir um den Hals gefallen. Gott sei Dank hat eine Frau den Mut, über diese Dinge zu schreiben, hat sie gesagt. Auch die jüngeren Kundinnen in der Apotheke haben mir bewundernde Blicke zugeworfen. Aber die Alten in meiner Nachbarschaft – ach du meine Güte! Ich glaube, die können es einfach nicht verstehen.«

Die Kritiker sind geteilter Meinung. Für manche ist es ein ehrliches und freimütiges Buch, »ein Beispiel für Lebenslust und Lebensfreude, Offenheit und Unbefangenheit«, und sogar »poetisch und direkt«, für andere »Pornografie für Senioren, Schundliteratur«, verlogen, obszön, stellenweise pervers. Jedenfalls haben viele, unabhängig von ihrem Urteil über das Buch selbst, Elfriedes Mut gelobt und ihr das Verdienst zugesprochen, neue Horizonte eröffnet zu haben.

Die erstaunlichste Entdeckung war vielleicht, dass der Arzt recht gehabt hatte: Viele Männer fühlen sich tatsächlich zu älteren Frauen hin-

gezogen. Mindestens zehn Prozent, vermutet Elfriede. Einschlägige Untersuchungen werden uns
sagen können, ob sie recht hat. Sie aber ist sich
sicher und weist Behauptungen, es handle sich
um eine Perversion, zurück. »Es ist eine Neigung,
keine Perversion«, versichert sie.

Das Schicksal wollte es, dass Elfriede wenige
Tage vor Erscheinen des Buches stürzte und sich
den Oberschenkelhals brach. In die Fernsehstu-
dios kam sie im Rollstuhl, was sie nicht unbedingt jünger erscheinen ließ. Als wir sie trafen,
ging sie noch am Stock. Behutsam erkundigten
wir uns, ob der Unfall ihr neues Sexualleben
ausgebremst habe. Mit einem verschmitzten Lächeln antwortete sie: Keineswegs. Sie lachte: »Es
ist halt nur ein bisschen unbequem.«

8

Zwei Reihen Flachs

Das Herz hat keine Falten

Madame de Sévigné, *Briefe*

In Veroli, einem in der Ciociaria, nördlich von
Rom gelegenen Städtchen, hat sich nicht viel
verändert, seit Domenica im Stadtteil Santa
Francesca zur Welt kam. Vor achtzig Jahren war
das. Als Kind arbeitete sie wie ihre fünf Geschwister auf den Feldern. Zur Schule ging damals keiner, aber die Mädchen mussten sich neben der
Feldarbeit auch noch um das Haus kümmern und
nähen, spinnen, weben und kochen.

Mit zehn war man kein kleines Mädchen mehr.
Als Domenica dieses Alter erreichte, schenkte
der Vater ihr zwei Furchen von seinem Feld.
Dort sollte sie den Flachs anbauen, aus dessen
Früchten sie dann die Bettwäsche für ihre Aussteuer weben würde. Auf den Tag ihrer Hochzeit
wartete sie schon. Worauf sonst konnte eine Frau
warten? Sie freute sich, dass dieser Tag auch für
sie immer näher rückte. Ganz aufgeregt streute

sie die Samen in den Streifen Erde, den der Vater für sie abgezwackt hatte. Jeden Tag sah sie nach, ob schon eines der Leinpflänzchen gesprossen war. In ihrer Ungeduld kam es ihr vor, als wüchsen sie überhaupt nicht.

Schließlich die erste Ernte. Die Mutter half ihr, die kleinen Pflanzen zu pflücken, sie einzuweichen und dann zum Trocknen in der Sonne auszubreiten. Es dauerte viele Tage: Man musste die Stängel sorgfältig ausklopfen, um die Fasern von der Zellulose zu trennen, und sie wiederholt waschen, bis sie vollkommen gebleicht waren. Endlich konnte Domenica mit dem Spinnen anfangen. Sie konnte es kaum erwarten, den schönen feinen und doch starken Faden aus der Spindel hervorkommen zu sehen. Ihre Mutter webte daraus die dichten, weichen Tücher, die sich bei der ersten Berührung rau, auf der Haut aber kühl und glatt anfühlten. Geduldig zeigte ihr die Mutter, wie man Handwebstuhl und Spinnrad handhabe. Ihr Herz klopfte, als sie die ersten Tücher mit kleinen, gleichmäßigen Stichen zusammennähte und dann nach allen Regeln der Kunst ihre Initiale auf das so entstandene Betttuch stickte. Es war das erste Stück ihrer Brautausstattung. Domenica konnte weder lesen noch schreiben, aber auf das D war sie sehr stolz. Sie hoffte, bald einen hübschen Jungen kennenzulernen, der sie um ihre Hand bitten würde. Sie würden in ihrem eigenen Haus wohnen und Kinder haben.

Es dauerte Jahre, bis ihre *panni*, wie man die Laken in der Ciociaria nannte, fertig waren. Sie hatte wenig Zeit dafür. Die Tage verbrachte sie auf den Feldern und bei der Hausarbeit. Erst abends, wenn sie schon todmüde war, konnte sie sich beim schwachen Schein einer Funzel an den Webstuhl setzen. Doch sie verlor nicht den Mut und arbeitete mit großem Eifer.

Eines Morgens, an einem heißen Tag, war sie zum Bach gegangen, um die Wäsche zu waschen. Da sprach Peppinello sie an. Sein Vater war Halbpächter wie ihrer, ein *soccio*, wie man in der Ciociaria sagt. Von da an tauchte Peppinello jeden Tag auf, wenn sie Wasser holte, die Schafe hütete oder auf dem Feld arbeitete. Ein beharrliches Werben. Ein paar Monate später war sie schwanger.

Doch Peppinello war verheiratet. Die *panni*, die endlich fertig waren und schön gebügelt in einer Truhe auf ihren großen Tag warteten, konnte sie niemals einem richtigen Bräutigam und seiner Familie präsentieren. Die Leute im Dorf schauten weg, wenn sie vorbeiging. Peppinello zog weder aus seinem Haus aus noch verließ er seine Frau. Dennoch bekam Domenica sieben Kinder von ihm.

Die Jahre vergingen. Die *panni* aus ihrer Hoch-
zeitstruhe nutzten sich ab, und Domenica blieb
ledig. Alle wurden älter. Ihre Kinder arbeiteten, aber eine feste Stelle hatte keines von ihnen gefunden. Die beiden ältesten Söhne hatten geheiratet, die schon verheiratete Tochter
war weit fort zu ihrem Mann gezogen. Doch die
Leute im Dorf verziehen Domenica nicht, und sie
hätte dort niemals Arbeit gefunden. Nur der alte
Monsignore fasste Zuneigung zu ihr. Er wohnte
allein im Schloss von Veroli, das seiner Familie
gehörte – sein Neffe, ein Rechtsanwalt, lebte mit
seiner englischen Ehefrau und Kindern in London –, und stellte Peppinello (dessen Frau inzwischen gestorben war) und Domenica als Haus-
meisterpaar ein. Sie erledigte die Hausarbeit,
und Peppinello kümmerte sich um den Garten.
Dieser Garten war die Leidenschaft der Frau des
Anwalts, die sich immer wieder für längere Zeit
in dem alten Haus aufhielt, um zu malen.

Mit zunehmendem Alter zog sich Peppinello
mehr und mehr in sich selbst zurück. Er war
schon immer wortkarg gewesen, jetzt aber sagte
er manchmal stundenlang gar nichts und saß nur
mit einer halb gerauchten Zigarette im Mund vor
einem Glas Wein. Er litt unter Gelenkschmer-
zen, und seine Kinder, die ständig in Geldnö-
ten steckten, bereiteten ihm Sorgen. Nach einiger Zeit brachte er nicht mehr die Kraft für die

Gartenarbeit auf. Jetzt war es an Domenica, sich um alles zu kümmern. Sie stand in aller Herrgottsfrühe auf, putzte die Küche und arbeitete dann im Garten.

Gerade siebzig geworden, starb Peppinello. Unterdessen war auch die Engländerin in das Haus der Familie eingezogen. Ihr, der Signora, verdankte es Domenica, dass ihre beiden ältesten Söhne im Ausland Arbeit gefunden hatten; sie waren nach Deutschland gegangen und kamen gut über die Runden. Wenn sie jetzt im eigenen Auto nach Hause zurückkehrten, erschienen sie ihrer Mutter wie zwei richtige Herren. Domenicas Leben hellte sich auf. Die Signora, eine schöne blonde Frau, war ein herzensguter Mensch. Sie mochte Domenica und war immer freundlich zu ihr, nur manchmal schimpfte sie mit ihr, weil sie nach Knoblauch stank. Domenica war ganz versessen auf Knoblauch, sie aß große Mengen davon, und ein Arzt hatte ihr sogar gesagt, er tue ihr gut.

Zur Buße lief sie dann, sobald sie ein wenig Zeit hatte, auf die Felder hinaus, pflückte üppige Sträuße genau der Blumen, die die Signora so liebte, und freute sich, wenn sie auf deren Bildern wieder erblühten. Das Malen war die große Leidenschaft der Signora, aber es strengte sie jetzt auch an, denn seit einem Schlaganfall war sie linksseitig gelähmt.

Der Monsignore starb. Dann heiratete auch Domenicas jüngster Sohn und zog fort. Es machte sie traurig, nun allein in dem riesigen Haus zu leben. Hin und wieder drangen Diebe ein und nahmen Bilder, ja sogar Möbel mit, obwohl Domenica stets gewissenhaft alle Türen verriegelte.

Als sie eines Tages mit einem großen Strauß Feldblumen von ihrem üblichen Spaziergang heimkehrte, merkte sie, dass ihr jemand folgte. Um zu verschnaufen, setzte sie sich auf die Bank vor San Giuseppe, und der Mann holte sie ein. Ich bin Bruno, sagte er. Er war so alt wie sie, und in ihrer Jugend war er ihr einige Male aufgefallen – ein hübscher dunkler Typ, schlank, mit lachenden Augen. Nachdem sie sich mit Peppinello zusammengetan hatte, war er nach Norditalien gezogen, und sie hatte ihn nie mehr wiedergesehen. Fünfzig Jahre war das jetzt her.

Sie unterhielten sich lange. Auch ihm fiel es schwer, über sein Leben zu sprechen. Von nun an besuchte er sie täglich. Wenn er anrückte, bat Domenica die Signora, ihm zu sagen, dass sie im Garten sei. Dann versteckte sie sich hinter einem Busch. Es machte ihr Spaß, den Ahnungslosen zu beobachten, der keuchend nach ihr suchte. Und wie sie lachten, wenn sie sich endlich aufstöbern ließ! Es war, als sei in ihr ein Feuer neu entfacht worden. Und auch in ihm. Sie fühlte sich wieder jung und konnte kaum glauben, dass sie als alte Frau die gleichen liebevollen Gefühle empfand wie damals, als sie zwanzig war.

Die Signora, die inzwischen in Rom lebte, aber immer wieder für ein paar Tage aufs Land zurückkehrte, staunte. Domenica war wie ausgewechselt. Sie achtete sorgfältig auf ihre Frisur. Sie trug nicht mehr die üblichen dunklen Sachen, sondern leichte Kleider, Blusen und Pullover in leuchtenden Farben. Immer hatte sie ein Lächeln auf den Lippen, und sie ließ dabei stolz die wenigen Zähne aufblitzen, die sie noch hatte.

Bruno fragte sie, ob sie ihn heiraten wolle. Sie fühlte sich wie im siebten Himmel. Noch nie war sie so glücklich gewesen. Die Signora und ihre Töchter feierten sie und freuten sich mit ihr darüber, dass ihr Traum wahr wurde.

Der Skandal war dieses Mal noch größer als damals, als sie sich mit Peppinello zusammengetan hatte. Das Dorf reagierte knallhart. Einige zitierten eilends Brunos ältesten Bruder, einen Priester, aus dem Norden herbei. Domenicas Söhne stellten sich wie eine Mauer gegen ihre Mutter. Plötzlich fanden sich alle wieder im Dorf zusammen – zum ersten Mal, denn keiner von ihnen hatte sie je besucht, nicht einmal, als sie ins Krankenhaus musste. Sie wollten nicht zum Gespött des Dorfes werden, sagten sie. Die Töchter der Signora luden sie nach Rom ein, um ihnen gut zuzureden: Ihre Mutter sollte ihre letzten Lebensjahre doch in Frieden genießen dürfen. Sie hörten sich alles an, aber ihre Meinung änderten sie nicht. Als der Priester in Veroli eintraf, hatten die Dinge schon ihren Lauf genommen. Das Ganze sei Wahnsinn, sagte er zu Bruno und nahm ihn mit nach Mailand.

Als Domenica ihre Geschichte erzählte, war sie bereits achtzig Jahre alt. Sie trug wieder dunkle Kleider und litt unter vielen Beschwerden. Das große Anwesen konnte sie nicht mehr allein hüten, und so war sie in das Haus ihres jüngsten Sohnes gezogen. Es gehörte ihr, sie hatte es von ihren Ersparnissen gekauft, doch bewohnt hatte es immer der Sohn. Eines habe sie nie bereut, sagte sie: in ihrem Leben so viele Menschen geliebt zu haben – Peppinello, ihre Kinder, die Signora und ihren Allerliebsten, Bruno. Ihren Lebensabend mit ihm zu verbringen, war ihr nicht vergönnt gewesen.

9

Wovon reden wir eigentlich, wenn wir von Sex reden?

Die große Frage, die noch niemals beantwortet wurde und die auch ich nach drei-
ßigjähriger Erforschung der weiblichen
Seele nicht habe beantworten können,
lautet: »Was will das Weib?«

Sigmund Freud, aus einem Brief an Marie
Bonaparte

Früher sagte man, wenn zwei heirateten, sie
würden ihren »Liebestraum krönen«. Oft aber
spielte die Liebe bei der Entscheidung einer
Frau zur Heirat nur eine Nebenrolle – und meis-
tens nicht einmal das. Das überrascht nicht, denn
seit undenklichen Zeiten waren die Frauen finanziell, gesellschaftlich, rechtlich und in jeder anderen Hinsicht von ihren Ehemännern abhängig.
Eine Frau, die nicht heiratete, sah sich an den
Rand der Gesellschaft gedrängt, es sei denn, sie
verfügte selbst über ein beträchtliches Vermö-
gen. Der Begriff »(alte) Jungfer« für eine unver-
heiratete Frau nahm mit der Zeit einen negati-

ven Beigeschmack an und wurde zum Stereotyp für eine verbitterte alte Frau.

Früher war die Eheschließung der entscheidende Wendepunkt im Leben einer Frau. Von der Autorität und dem Schutz ihres Vaters ging sie – zu ihrem Vorteil oder Nachteil – in die Hände ihres Mannes über. Die Wahl des Ehemannes bestimmte also ihr weiteres Schicksal. Die übliche Frage eines Vaters an den Mann, der um die Hand seiner Tochter anhielt, lautete denn auch, ob er in Verhältnissen lebe, die ihr eine Fortsetzung des gewohnten Lebensstandards erlaubten.

Vor allem seit dem 19. Jahrhundert wurde diese so schwierige Entscheidung in romantische Schleier gehüllt. Geschichten von jungen Liebenden, die sich trotz aller Hindernisse am Ende doch noch »kriegen«, füllten die Seiten von Hunderten guter und schlechter Romane: von den Klassikern einer Jane Austen – die Suche nach dem passenden Ehemann gleicht hier einer eleganten Schachpartie, bei der sich jede junge Dame der Gesellschaft um den richtigen Zug bemüht – bis hin zu den diversen Kümmernissen und Sorgen der Mädchen aus den Kitschromanen. Vermittelt wurde stets die Botschaft, dass es unschicklich sei, nur des Geldes wegen zu heiraten, dass aber eine Heirat ohne Berücksichtigung der ökonomischen Seite eine schwerwiegende Dummheit, um nicht zu sagen, Wahnsinn, sei. Ein Mädchen, das so handelte, würde es bitter bereuen, während eines, das eine kluge Wahl traf, alle Tage glücklich und zufrieden leben würde.

Sobald die Frauen unter der Haube waren, verloren die Autoren populärer Romane und Dramen das Interesse an ihnen, es sei denn, es handelte sich um Typen à la Madame Bovary, die sentimental-sexuelle Abenteuer suchten, um der Schäbigkeit ihres Gemahls und der Monotonie ihres Lebens zu entfliehen.

Bis die Frauen imstande waren, sich ihren Lebensunterhalt selbst zu verdienen und sich aus eigener Kraft einen gesellschaftlichen Status zu erarbeiten, war es also natürlich, dass bei der Auswahl des Ehemannes außer der Liebe noch viele andere Erwägungen bewusst oder unbewusst eine wichtige Rolle spielten – und vermutlich ist es auch heute oft noch so. Die Beweggründe waren nicht unbedingt nur pekuniärer Art. Ein Mädchen aus dem Bürgertum konnte sich in der Ehe mit einem Mann verwirklichen, der ihr einen ehrbaren sozialen Status, ein gewisses kulturelles Niveau, vielleicht ein interessantes Leben, Reisen, einen Freundeskreis und einen bequemen, angenehmen Lebensstil garantierte. Manchmal wurde die Wahl auch den Eltern zuliebe getroffen, die Karrierechancen für ihre Söhne und eine gute Partie für ihre Töchter anstrebten. In jedem Fall war Heiraten in allen Ländern Europas einfach das, was »alle machten«. Eine heute siebzigjährige englische Freundin beispielsweise ist sich im Rückblick sicher, dass ihre Entscheidung, mit zweiunddreißig zu heiraten, zumindest teilweise unter sozialem Druck zustande kam. Die Angst, jenseits einer gewissen Altersgrenze nicht mehr geheiratet zu werden und »sitzen zu bleiben«, war im England der Nachkriegszeit groß. Tausende alleinstehender Frauen dienten als abschreckende Beispiele: Frauen, deren potenzielle Ehemänner in zwei Weltkriegen umgekommen waren – und die sehr tapfer versucht hatten, alleine durchzukommen und sich als Lehrerinnen, Fürsorgerinnen oder Krankenschwestern über Wasser hielten –, wurden gesellschaftlich oft ausgegrenzt und galten als traurige und vergrämte alte Jungfern.

Jenseits des Großen Teichs war es nicht viel anders. Die berühmten Hollywoodkomödien der Dreißiger- und Vierzigerjahre vermittelten den Eindruck, dass man sich als Frau ohne Weiteres scheiden lassen könne. Aber was kam danach? Man musste sofort ins Glied zurücktreten und sich einen wesentlich besseren Ehemann angeln als den ersten, weil ein Zusammenleben ohne Trauschein ein Skandal gewesen wäre. Serielle Monogamie galt als einzig legitimer Hort für Liebe und Sex.

Die Ehe war, wie man sieht, niemals die romantische Angelegenheit, als die sie uns die volkstümliche Kultur verkaufen wollte. Auch über die Sexualität kursierten viele Lügenmärchen. Wissenschaftliche Untersuchungen belegen, dass Frauen auf sexuellem Gebiet oft Halbanalphabetinnen waren und dass Millionen von ihnen in ihrer Ehe niemals sexuelle Lust empfunden oder auch nur eine Ahnung davon hatten, was ein Orgasmus ist. Nebenbei bemerkt gehörte in Italien noch zu Beginn des zwanzigsten Jahrhunderts zur Aussteuer einer höheren Tochter das Hochzeitslaken, auf dem folgender Spruch aufgestickt war: »Ich tu's nicht zu meinem Vergnügen, sondern um Gott Kinder zu schenken.«

Viele der heute Siebzigjährigen haben also dieses reife Alter erreicht, ohne selbst je jene Liebe zu erleben, die so gefeiert wurde in den Gedichten und Romanen, die sie lasen, in den Liedern, die sie sangen, und in den Filmen, die diesen Traum auf die Leinwand bannten.

Die sexuelle Revolution und ihre Töchter

Jenseits der siebzig gleicht das Selbstbild einer Frau einem Picasso-Porträt, meinte eine der Frauen, die wir befragten. Zerteilt, zerstückelt und dann scheinbar auf gut Glück wieder zusammengesetzt, wobei die einzelnen Komponenten kein harmonisches Ganzes mehr bilden. Wir fühlen uns nicht so, wie eine Frau unseres Alters sich fühlen sollte. Unser Äußeres wirkt, auch wenn es im Spiegel nicht unerfreulich erscheint, nicht mehr anziehend auf andere. Was wir geworden sind, stimmt mit keinem der Modelle überein, die uns die Tradition überliefert hat. Und auch wenn wir emanzipiert sind, uns befreit haben und den ganzen Weg der feministischen Bewegung mitgegangen sind, tragen wir unbewusst als Ballast mit uns herum, was uns in Kindheit und Jugend anerzogen wurde: Vorurteile, Tabus, Hemmungen.

Die Pille ist inzwischen fünfzig Jahre alt. Wir waren gerade zwanzig (in Italien etwas älter, weil der Gebrauch der Pille von der katholischen Kirche lange Zeit bekämpft wurde), als die sexuelle Revolution eine zwanglose Sexualität und radikale Veränderungen im Verhältnis zwischen Mann und Frau versprach. Heute, fünfzig Jahre später, schwankt unsere Psyche immer noch zwischen den neu gewonnenen Freiheiten und den alten Pflichten hin und her. Es hat lange gedauert, bis wir uns überhaupt der Hemmungen bewusst wurden, die zum Programm unserer Erziehung gehörten. Sich von kulturellen Mustern zu befreien, ist schwer.

In Bezug auf Erotik und Sex war die Selbstachtung der Frauen dieser Generation von ihrer

Fähigkeit, Verlangen zu wecken, und damit von der Kompetenz des Partners abhängig gewesen. Es war der Mann, der Sicherheit, Neugierde und so viel Anziehungskraft ausstrahlen musste, dass die Frau ihre Hemmungen überwinden konnte. Von sich aus sexuell aktiv zu werden, explizit die Initiative zu ergreifen – das wäre undenkbar gewesen: Es hätte die eigene Selbstachtung radikal untergraben.

Alle Untersuchungen über die weibliche Sexualität stimmen darin überein, dass der stärkste Antrieb des weiblichen Verlangens das Begehrtwerden ist. Einige Sexualforscher behaupten, der Orgasmus der Frau werde von ihrer Fähigkeit bestimmt, Verlangen zu wecken. Das widerlegt jene radikalfeministischen Thesen, denen zufolge die Lust der Frau aus ihrem Inneren kommt und nicht von außen, von einem anderen, stimuliert werden muss. Diese Thesen werden weder von der klinischen Erfahrung noch von einschlägigen Studien gestützt, behauptet Julia R. Heiman, die Leiterin des Kinsey Institute der Indiana University in Bloomington: »Das weibliche Verlangen wird von dem Bedürfnis dominiert, Objekt erotischer Bewunderung und sexuellen Begehrens zu sein.«

In einem in den Achtzigerjahren veröffentlichten Buch über Frauen jenseits der vierzig (inzwischen haben sich, wie erwähnt, diese Bezugspunkte hinsichtlich des Alters um zehn, vielleicht sogar um fünfzehn Jahre nach hinten verschoben) hatte die Autorin als eine der Hauptursachen des Unbehagens den Verlust der »Anerkennung« durch den Mann ausgemacht; dieser Verlust werde manifest durch die Erfahrung, dass die Frau für seine Augen unsichtbar wird. Genauer wäre es allerdings, vom Verlust des männlichen »Verlangens« zu sprechen. Nicht zufällig blieben als Einzige jene Frauen von der Krise um das vierzigste Lebensjahr verschont, die wir als »Mütter« definierten: Frauen, die Gebrauchtwerden mit Geliebtsein gleichsetzten und deshalb behaupteten, Objekte des Verlangens zu sein – unabhängig von ihrem Alter und den Veränderungen ihres Körpers.

Heute geben die Frauen erst mit siebzig ihre narzisstischen Illusionen auf und erwarten das Heil nicht mehr vom Anerkannt- und Begehrtwerden. Sie haben begriffen, dass der männliche Blick zu neunzig Prozent ein soziales Konstrukt ist, und verlieren ihre Selbstachtung nicht mehr, wenn diese Art der Anerkennung ausbleibt.

Das ist das Interessanteste, was diese Untersuchung an Neuem zutage gefördert hat.

Was will eine Frau?

Eine weitere Überraschung erwartet eine Frau, die sich mit siebzig verliebt: die Entdeckung, dass auch zwischen Männern und Frauen ihres Alters die Sexualität noch blüht und gedeiht. Die weit verbreitete Meinung, Sex sei nur etwas für junge Leute, ist ein Mythos, der sich auch deshalb so hartnäckig hält, weil er von der Wissenschaft gestützt wird. Walter Bortz, ein amerikanischer Gerontologe, dem gründliche Untersuchungen über das Altern zu verdanken sind, klagte vor einigen Jahren darüber, dass in einer Studie der Universität Chicago, die den Anspruch erhob, die ultimative Wahrheit über die Sexualität zu verkünden, Personen über fünfzig überhaupt nicht berücksichtigt wurden. Die Erforschung des Sexuallebens der über Siebzigjährigen befindet sich noch im Anfangsstadium. Sie konzentriert sich bestenfalls auf Leute, die Probleme haben, und lässt solche, die keine haben, außer Acht. Generell werden die Alten so behandelt, als spiele Sex in ihrem Leben keine Rolle mehr. Schwerlich würde es einem Arzt einfallen, Patienten dieses Alters, vor allem weibliche, über ihr Sexualleben zu befragen; verfiele er tatsächlich auf diese Idee, würde er wahrscheinlich aus Verlegenheit darauf verzichten.

Die Wirklichkeit sieht anders aus. Die vorliegenden Untersuchungen sowie die empirische Erfahrung sagen uns, dass es heute viel mehr sexuell aktive Siebzigjährige gibt als noch vor zwanzig oder dreißig Jahren. Enorm gestiegen ist dabei der Anteil der Frauen – bis vor einigen Jahrzehnten noch eine verschwindend kleine Minderheit. Diese im Vergleich zur vorhergehenden Generation radikale Veränderung ist nicht nur eine Folge der höheren Lebenserwartung, sondern zweifellos auch eine Auswirkung der sexuellen Befreiung der Sechzigerjahre. Eine Generation, die mit der Vorstellung aufgewachsen ist, dass es ein Recht auf Sex gibt, kann schwer akzeptieren, dass sich dieses Recht in Luft auflöst, wenn die Schwelle zu den Siebzigern überschritten ist.

Aber wovon sprechen wir eigentlich, wenn wir von Sex sprechen? In Wirklichkeit hat die Generation der heute Siebzigjährigen nie von Sex gesprochen. Nicht einmal in den Jahren des Feminismus. Gewisse radikalfeministische Gruppen hatten Aufsehen erregt, als sie die Funktion der Klitoris als sexuelle Leitzone postulierten, die unabhängig von der Penetration einen Orgasmus auslöse. Aber das war auch schon alles. Sexualität und die Kunst der Verführung waren Dinge, über die man nicht sprach. Die Frauen dieser Generation sind auf halbem Wege stehen geblieben zwischen dem Bedürfnis, begehrt zu werden, und der Hoffnung, Sex auf andere Weise zu erleben, zwischen dem Wunsch nach Romantik und der Suche nach einer neuen Art zu lieben, ohne die Kontrolle über sich zu verlieren. In ihrem Leben hat die Furcht davor, den Knoten zwischen Sex und Lebensentwurf aufzubrechen, fast immer gesiegt.

Das war nicht immer so. Die Interpretation weiblicher Sexualität hat sich im Laufe der Jahrhunderte tiefgreifend verändert. In den katholischen wie in den protestantischen Ländern. In Ersteren hat die Kirche – insbesondere nach der Verkündung des Dogmas von der Unbefleckten Empfängnis im 19. Jahrhundert – versucht, jeden Frauentyp auszugrenzen, der sich nicht an das Bild der Ehefrau und Mutter anpasste. In den Ländern der protestantischen Reformation war es das aufstrebende Bürgertum, das sich, um an Macht zu gewinnen und die aristokratische Klasse zu diskreditieren, des Deckmäntelchens einer moralischen Revolution im Namen der weiblichen Tugend und der Missbilligung der Libertinage bediente. In London wurde um die Mitte des 18. Jahrhunderts der von dem Puritaner Samuel Richardson verfasste Roman *Pamela oder Die belohnte Tugend* ein Bestseller. Er erzählt die Geschichte eines armen, aber tugendhaften Mädchens, das mit seiner Sittsamkeit ein Gegenbild zu jenen Verführerinnen darstellt, die mit den Männern ihr Spiel treiben. Standhaft, ja wie ein Bollwerk, lässt Pamela die Avancen ihres Herrn an sich abprallen, der sie in sein Bett locken möchte, und am Ende von sechshundert Seiten voller Qualen trägt schließlich die Tugend den Sieg davon. Der vornehme Herr führt Pamela und nicht etwa eine Angehörige seiner eigenen Gesellschaftsschicht zum Traualtar. So wird die Tugend letztlich auch zum Vehikel des sozialen Aufstiegs.

Lust und Verlangen schienen ausschließlich männliche Vorrechte zu sein. Hatte also Teiresias unrecht, als er den Frauen neun Zehntel der Lust zuschrieb? Nachdem der Pharmakonzern Pfizer mit Viagra für mindestens fünfzig Millionen Männer das größte Hindernis für Sex im Alter aus dem Weg geräumt hatte, kam er vor einigen Jahren auf die Idee, die blauen Pillen auch an Frauen zu testen. Viagra enthält einen Wirkstoff, der für einen verstärkten Blutzufluss in die Genitalien sorgt. Bei den dreitausend Frauen, an denen Viagra getestet wurde, kam man zu ähnlichen Ergebnissen wie bei den Männern: Die Durchblutung stieg auch bei ihnen in den entscheidenden Körperzonen an. Doch die Frauen reagierten ganz anders. Zwar schwollen die Schleimhäute an und sonderten Sekret ab, was üblicherweise als

Beweis sexueller Lust gilt, doch löste dies bei den Frauen weder Erregung aus, noch bescherte es ihnen Genuss. Ja, oft bemerkten sie die Veränderung, die in ihrem Körper vorging, nicht einmal. Mit anderen Worten: Eine Frau kann alle körperlichen Anzeichen sexueller Erregung aufweisen, ohne sich erregt zu fühlen. Es gibt also einen Graben, der nicht nur die weibliche Sexualität von der männlichen trennt, sondern auch im Inneren des weiblichen Körpers selbst verläuft.

Nach einiger Zeit stellte das Pharmaunternehmen das Experiment ein. Frauen brauchen Intimität und emotionale Signale, und auch die Chemie zwischen den Sexualpartnern muss stimmen – so lauteten die Erklärungen. Die Schwierigkeiten, die weiblicher Erregung entgegenstehen, sind viel komplexer als eine erektile Dysfunktion. Um sie zu diagnostizieren, müssen unabhängig voneinander diverse Faktoren im Zusammenhang mit Gefühl und Partnerschaft berücksichtigt werden, und das macht es sehr schwierig, die Wirkung eines Medikaments zu messen. Pfizers Bericht erinnerte denn auch fast wörtlich an Sigmund Freud, der Jahre zuvor, knapper zusammengefasst, geschrieben hatte: »Die große Frage, die ich trotz meines dreißigjährigen Studiums der weiblichen Seele nicht zu beantworten vermag, lautet: Was will eine Frau?«

In der Tat lässt sich nach Jahrhunderten der

Erziehung zur Tugend nur schwer feststellen, ob die Sexualität der Frau tatsächlich eine Trennung zwischen Gefühl und Körper kennt oder ob die im Laufe der Jahrhunderte verinnerlichte Zurückhaltung die Frauen daran hindert, auszudrücken, was ihr Körper fühlt.

Sex galt immer als biologisch bestimmt oder kulturell erlernt. Diese Differenzierung ist für die heutige Wissenschaft nicht mehr gültig, da sie Sex hauptsächlich als Aktivität des Gehirns definiert. Insbesondere wurde nachgewiesen, dass bei Frauen das sexuelle Verlangen vom Kopf gesteuert wird und wenig mit ihrer Körperlichkeit zu tun hat: Ihnen scheint der Körper lediglich ein Feedback zu liefern. Dies gehört zu den interessantesten Erkenntnissen seit Beginn der Studien über den weiblichen Orgasmus.

»Man kann die männliche und die weibliche Sexualität nicht über einen Kamm scheren«, bestätigte Manfred Haehl, ein Experte der Pharmafirma Boehringer, die seit Jahren nach einer Lösung des Rätsels der weiblichen Lust sucht. Einer Frau geht es nicht ausschließlich um den sexuellen Kontakt, weder um Zahlen noch um Dimensionen; entscheidend ist vielmehr, was sie als echte Befriedigung wahrnimmt. Wie viele Frauen behaupten, eine großartige sexuelle Beziehung gehabt zu haben, ohne dass ihr Puls raste?

Viagra sorgt dafür, dass Männer erreichen, was sie wollen, nämlich eine Erektion. Frauen haben keine physischen Handicaps, bräuchten aber vielleicht eine Pille, die ihre Art zu denken verändert. Boehringer hatte tatsächlich in diese Richtung geforscht und auch eine Substanz namens Flibanserin gefunden, die wie Antidepressiva und Neuroleptika direkt auf das Zentralnervensystem wirkt. Aus einleuchtenden Gründen brachte man sie jedoch nicht auf den Markt.

Weibliche Lust und Sexualität lassen sich schwer definieren, weil sie von einer Unzahl zum Teil gegensätzlicher Elemente abhängen. Eine gute, von Gefühlen getragene Partnerschaft beispielsweise ist keine Garantie für eine sexuell befriedigende Beziehung, auch wenn andererseits eine schlechte Gefühlsbeziehung die Sexualität in aller Regel abtötet. Möglicherweise ist Freuds Frage nicht nur deshalb unbeantwortet geblieben, weil die Wissenschaft erst spät begonnen hat, sich mit der weiblichen Sexualität zu beschäftigen, sondern auch, weil es vielleicht gar keine Antwort gibt.

10

Es wäre ein vergeudetes Leben gewesen

Warum sollte das Herz einer Frau mit der Jugend aufhören zu leben? Ich sehe Frauen, die sich in vergeblicher Reue verzehren und resigniert den Kopf hängen lassen, als wäre die wahre Liebe nicht in jedem Alter möglich und die Altersliebe nicht die aufrichtigste, denn sie ist die Liebe, die am besten versteht. Wer die Liebe der Attraktivität der Jugend oder faltenloser Schönheit zuschreibt, hat sie nicht verstanden. [...] Die wahre Liebe besteht aus der ganzen Leidenschaft, Zärtlichkeit, den Freuden- und Schwindelgefühlen der Jugend, gepaart mit der Tiefe, der Sicherheit und der Reflexion des reifen Alters, und sie lässt sich von nichts mehr überrumpeln.

Jeanne de Vietinghoff, *La liberté intérieure*

Wie oft habe ich an diesen atemberaubend schönen und strahlenden Tagen in den Bergen innegehalten, um die Schönheit ringsum zu bewundern, und einen Stich im Herzen verspürt: Lieber

Gott, habe ich mich gefragt, kann es denn sein, dass ich einmal sterben muss, ohne je eine leidenschaftliche Liebe erlebt zu haben? Ich fand das ungerecht. So, als hätte ich mein Leben vergeudet.

Deshalb kann ich immer noch nicht recht glauben, dass ich Riccardo begegnet bin. Ich kann mein Glück einfach nicht fassen. Ich erinnere mich an jeden Augenblick, jede Einzelheit des Tages, an dem ich ihn traf – oder, genauer gesagt, wiedertraf, denn wir kannten uns seit vielen Jahren, seit unserer Zeit an der Universität. Damals studierte er Medizin, ich bereitete mich auf mein Diplom als Krankenschwester vor.

Ich war früher aufgewacht als gewöhnlich; in der Nacht hatte es geregnet, und am Morgen war der Himmel so blau wie im Süden. Einen so blauen Himmel hatte ich in Mailand noch nie gesehen. Ich dachte daran zurück, wie mein Mann mich als schöne junge Frau in Tunis wie eine Trophäe auf die Partys der Botschaft ausführte und alle mir den Hof machten. Ich hatte ihn nie betrogen, er dagegen …

Plötzlich überkam mich die Lust, auszugehen, einen Spaziergang zu machen, wie ich es in Tunis oft getan hatte. Stundenlang war ich dann umhergestreift und hatte hin und wieder eine Pause eingelegt, einen Tee getrunken und mit den Händlern in den Basaren geplaudert. Ich zog mich also an, frisierte mich sorgfältig und schminkte mir die Lippen. Dann ging ich bis zum Naviglio, kaufte mir eine Zeitung und setzte mich in eine Bar, um einen Espresso zu trinken. Das Licht schimmerte so golden wie edler Cognac; nach dem glühend heißen Sommer hatten sich die Blätter der Bäume früher verfärbt als sonst. Als ich aus der Bar trat, um meinen Spaziergang fortzusetzen, stieß ich beinahe mit einem großen, gut gekleideten Herrn zusammen. Er trat zur Seite, um mich vorbeizulassen, und als ich schon halb auf der Straße war, hörte ich seine Stimme. »Elisa! Bist du nicht Elisa?« Ich drehte mich um und erkannte ihn sofort. Es war Riccardo. Wir hatten uns ewig nicht mehr gesehen. Mindestens zwanzig Jahre waren vergangen, seit wir uns einmal zufällig auf der Straße begegnet waren, ich in Begleitung meines Mannes, er an der Seite seiner Frau. Ein kurzer Gruß, und vorbei waren sie. Jetzt freute ich mich, dass er mich sofort wiedererkannt hatte. Bei ehemaligen Kommilitonen ist das nicht so selbstverständlich.

Er hatte sich gut gehalten. Mit seinen blauen Augen und dem ergrauten, aber dichten Haar war er immer noch ein blendend aussehender Mann. Erfreut streckte er mir beide Hände entgegen und zog mich zurück in die Bar. »Setzen wir uns, lauf mir nicht davon!« Ich weiß nicht, warum ich dann wie auf Kohlen saß; er machte sich über mich lustig: »Es ist doch nichts Schlimmes dabei, wenn man mit einem alten Studienkollegen einen Espresso trinkt!« Aber ich fühlte mich unbehaglich, als hätte ich eine Vorahnung: Als würde diese Begegnung, dieser Morgen mein Leben verändern.

An der Universität waren wir uns niemals wirklich nahegekommen. Eigentlich waren wir nur ein einziges Mal zusammen gewesen, als wir nämlich mit Freunden einen Ausflug nach Rapallo unternahmen. Nachdem ich mein Diplom als Krankenschwester in der Tasche hatte, ging ich nach Afrika, wo ich in einem Krankenhaus arbeitete. Dort lernte ich meinen späteren Mann, einen Diplomaten, kennen. Wir heirateten, und anfangs arbeitete ich weiter, denn meine Stelle gefiel mir sehr gut. Aber als er an einen anderen Einsatzort versetzt wurde, musste ich sie aufgeben.

War ich damals glücklich? Ich frage mich das oft und weiß keine Antwort. Ich hatte einen Mann, ein schönes Haus, zwei Kinder. In den Sechzigerjahren sah das Leben einer Frau eben so aus. Man heiratete wohl auch, um sich gegen das Bewusstsein zu schützen, dass man im Grunde allein auf der Welt ist. In Afrika habe ich diese Einsamkeit oft empfunden. Es erschien mir normal, wie meine Eltern eine Familie zu gründen. Bei mir zu Hause hatte der Vater das Sagen gehabt, aber mein Vater und meine Mutter liebten sich. Ich dagegen könnte nicht behaupten, wirklich aus Liebe geheiratet zu haben. Was bedeutete die Liebe eines Mädchens damals schon? Es hatte nur eine einzige Option: sich heiraten zu lassen. Giuseppe war ein freundlicher, liebenswürdiger Mensch, er hatte eine gute Stellung und konnte mir ein angenehmes Leben bieten. Er verkörperte alles, was eine Frau sich wünschen konnte. Ja, ich hatte sogar mehr Glück als andere, denn dank seines Berufs konnte ich reisen, was ich immer sehr gern getan hatte, konnte in unterschiedlichen Ländern leben und andere Lebensweisen kennenlernen. Ich mag Menschen, kann mit den verschiedensten Leuten kommunizieren und plaudere gern. In den Städten, in denen ich gelebt habe, in Rom zum Beispiel, bin ich immer mit der U-Bahn gefahren, nie mit dem Auto. Wie viele Leute habe ich so kennengelernt, wie viele Frauen haben mir ihr Leben erzählt! Ich habe immer viel von anderen Menschen gelernt.

Auf diese Weise wurde mir klar, dass ich die Fähigkeit zu kommunizieren besaß und gar nicht so eingegipst war, wie ich mich in meiner Ehe fühlte. Dort fand überhaupt keine Kommunikation statt, auch nicht im Bett. Befriedigender Sex ja, Beziehung nein, könnte man sagen, oder zumindest kam es mir damals so vor. Heute würde ich den Sex als Quasi-Grundversorgung bezeichnen: Etwas Regelmäßiges, auf das man sich verlassen konnte und das auch fortgesetzt wurde, als die Ehe sich aufzulösen begann. Aber irgendwann war es dann auch mit dem Sex vorbei.

Riccardo ist ein schöner Mann. Wirklich. Er ist sportlich; an der Universität war er Mitglied der Kanumannschaft gewesen. Er hat noch bis vor wenigen Jahren Sport getrieben und erst damit aufgehört, als er seine schwer erkrankte Frau pflegen musste. Bis dahin war er Chefarzt am Ospedale Niguarda gewesen. Jetzt ist er im Ruhestand, arbeitet aber noch drei Tage die Woche in einer Privatpraxis.

Wir landeten noch am selben Vormittag im Bett. Nachdem wir die Bar verlassen hatten, spazierten wir ein wenig am Naviglio entlang, und von dort gingen wir plaudernd weiter in Richtung seines nahe gelegenen Hauses. Niemals hatte ich solchen Sex gehabt; es war eine Offenbarung. Ich empfand nie gekannte Gefühle. Und so unglaublich es klingt – ich, die ich immer Hemmungen gehabt hatte, am Strand meine schrumpeligen Arme oder meine schwabbeligen Schenkel zu zeigen, fühlte mich nun alles andere als unwohl in meiner Haut. Allerdings habe ich mich ganz gut gehalten, zumindest behaupten meine Freundinnen das: Mein Busen ist noch straff, was ich von meinem Bauch bestimmt nicht sagen kann. Und ich habe ein paar Kilo zu viel, aber damit muss ich leben. Wir sind jetzt seit zwei Jahren zusammen, und hin und wieder spreche ich mit Riccardo ganz offen darüber. Er ist einundsiebzig, nur zwei Jahre älter als ich, aber in diesem Alter kann ein Mann, wenn er will, auch eine Zwanzigjährige finden. Riccardo lacht, wenn ich das sage. »Eine Zwanzigjährige wäre glatter«, antwortet er, »aber sonst? Worüber könnte ich mich mit einer Zwanzigjährigen unterhalten?« Er lacht meine Zweifel einfach weg, und das gibt mir sehr viel Selbstvertrauen…

Und gerade daran, am Selbstvertrauen, hatte es mir immer gefehlt. Vor allem nach meiner Ehekrise fühlte ich mich wertlos, so als existierte ich praktisch nicht mehr. Mein Leben lang war ich nur Ehefrau gewesen, ohne eine Arbeit, die mir eine Identität verliehen hätte. Ich beneidete meinen Mann, der eine Rolle zu spielen hatte, der für das, was er tat, anerkannt wurde und mit so vielen Leuten zusammenkam. Und ich war eifersüchtig. Ich litt schrecklich unter seinen Seitensprüngen. Einmal betrog er mich sogar mit der Frau, die sich als meine beste Freundin bezeichnete, und glaubte, ich hätte es nicht bemerkt!

Da kam mir die internationale politische Lage zu Hilfe. Mein Mann wurde in ein Land versetzt, in das laut Empfehlung des Außenministeriums die Familie nicht sofort mitgenommen werden sollte. Die Lage dort war damals kritisch, und Bürger westlicher Staaten waren generell gefährdet. Ich musste also keine aufsehenerregenden Entscheidungen treffen und blieb einfach in Italien. Und ich machte mich sofort auf die Suche nach einem Weg aus der Sackgasse, in der ich mich befand. Aufs Geratewohl probierte ich einiges aus, was mir helfen konnte, mich wieder aufzurichten. Psychotherapie, Kurse in Astrologie, ja, ich lernte sogar Kartenlegen. Ein Kurs in Gestalttherapie half mir, meine Illusionen abzuschütteln. Ich lernte, der Wirklichkeit ins Gesicht zu blicken.

Heute scheint es mir, als wäre diese ganze Zeit nichts anderes gewesen als eine Vorbereitung auf meine Begegnung mit Riccardo. Es gelang mir zu jenem Zeitpunkt schon viel besser, ich selbst zu sein, und das ist, glaube ich, die Basis unseres gelungenen Zusammenlebens.

11

Das Begehren begehren

Begierde ist des Menschen Wesen selbst

Baruch Spinoza, *Ethik*

Die ganze Nacht über hatte es genieselt, unablässig. Sie hatte den feinen Regen aufs Dachfenster rieseln hören und kein Auge zumachen können. Am Abend zuvor war Tommaso aus Lyon zurückgekehrt, und wie immer, wenn er für mehrere Wochen im Ausland gewesen war, hatte er sie nach seiner Ankunft zum Abendessen ausgeführt. Sie hatten sich für das kleine Lokal entschieden, in das sie seit der Zeit ihrer Verlobung immer gingen. Begehrt zu werden bereitete ihr höchsten Genuss, zugleich aber fürchtete sie, dass die Sexualität in ihrer Ehe zur Routine werden könnte.

Da seine Tätigkeit ihn durch ganz Italien und oft auch für mehrere Wochen ins Ausland führte, konnte sie ihren Wunschtraum lange am Leben erhalten, bis über die Geburt ihrer beiden Kinder hinaus. Denn die häufigen Trennungen nährten in ihr die Illusion, dass sich bei jedem Wiedersehen die Atmosphäre des Neuen und Geheimnisvollen einstellen würde.

Sie holte ihn jedes Mal am Bahnhof oder am Flughafen ab, und dann aßen sie in der Nähe des Teatro Verdi in dem etwas abseits gelegenen eleganten Lokal bei Kerzenschein zu Abend. Danach gingen sie Händchen haltend nach Hause. Hand in Hand mit einem so attraktiven Mann unterwegs zu sein, stärkte ihr Selbstbewusstsein. Schon immer hatte sie eine Leidenschaft für schöne Männer gehegt, weil sie sich neben ihnen auch selbst schöner, attraktiver und begehrenswerter fühlte: Warum sonst hätten sie sich ausgerechnet für sie entschieden? Mit dieser Illusion hatte sie jahrelang gelebt.

Warum war sie bei Tommaso geblieben? Viele ihrer Freundinnen harrten aus Angst vor der Einsamkeit oder aufgrund ihrer finanziellen Abhängigkeit bei ihren Männern aus. Andere glaubten auch dann noch, die einzig wahre Geliebte zu sein, wenn der Göttergatte schon auf anderen Weiden graste. Männer sind bekanntlich Meister darin, einer Frau das Gefühl zu vermitteln, die Einzige zu sein. In ihrem Fall war vielleicht eine spezielle Ausprägung ihres Minderwertigkeitskomplexes im Spiel, die tiefe innere Überzeugung, dass sie es verdiente, unglücklich zu sein.

Dass es in Tommasos Leben andere Frauen gab, dass er sie während seiner langen Auslandsaufenthalte betrog, hatte sie immer geahnt. Doch sie tat, als wüsste sie von nichts. Ihr genügte es, wenn er nach seiner Rückkehr Lust hatte, mit ihr zu schlafen. Das hielt ihren Wunsch nach Leidenschaft aufrecht und bewahrte sie vor der Banalität des Alltags.

Schon vor einiger Zeit – nach der Geburt ihres zweiten Sohnes – hatte diese Illusion Sprünge bekommen, und nun war der Zauber endgültig zerbrochen. Sie hatte ihren Mann wie immer vom Bahnhof abgeholt, und sie hatten in ihrem kleinen Lokal zu Abend gegessen. Dann jedoch waren sie mit dem Auto nach Hause gefahren, weil er müde war. Er habe in der Nacht nicht geschlafen und am Flughafen stundenlang warten müssen, entschuldigte er sich.

Diesem ersten Hinweis folgten in den nächsten Tagen noch andere, und alle bestätigten den Verdacht, den sie bereits seit einiger Zeit hegte, auch wenn sie sich jede Mühe gegeben hatte, ihn beiseitezuwischen. Am Ende aber gab Tommaso zu, dass es sich dieses Mal nicht um ein unbedeutendes kleines Abenteuer handelte. Er hatte sich ernsthaft verliebt.

Ihr Stolz und ihr Gefühl für Würde zwangen sie zur Trennung. Für sie war es undenkbar, mit einem Mann ins Bett zu gehen, der dabei an eine andere dachte. Drei Jahre lang vergoss sie immer wieder bittere Tränen. Unter Schluchzen las sie Simone de Beauvoirs *Die gebrochene Frau*. Sie durchlief alle Prozeduren einer Fünfzigerin mit gebrochenem Herzen: eine Psychotherapie, um einzusehen, dass man nicht alle Schuld dem anderen anlasten kann, dass jeder selbst Verantwortung trägt; die Hoffnung, sich so bald wie möglich wieder zu verlieben, und die Sehnsucht danach, wieder einmal starke sexuelle Gefühle zu empfinden. Sie hatte eine hoffnungslose Affäre mit einem wesentlich jüngeren Mann, der so schön war, dass es sie rührte, ihn auch nur anzuschauen. Nach einer Gruppentherapie, in deren Verlauf sie sich darin geübt hatte, in einem Café einen Unbekannten anzusprechen, der in einer Ecke saß und Zeitung las, gelang es ihr ein paar Mal sogar, selbst die Initiative zu ergreifen.

So hatte sie ihren jetzigen Partner kennengelernt. Es war zu Beginn des Sommers, und sie reiste wie jedes Jahr auf die Insel Elba. Kurz zuvor hatte sie sich den Busen straffen lassen, was ihr ein Gefühl der Sicherheit verlieh. Sie protzte geradezu mit ihrem tief ausgeschnittenen grünen T-Shirt. An einem Bahnübergang, dem letzten vor dem Hafen, hielt vor ihr ein offener Sportwagen mit einem älteren Herrn am Steuer, der offenbar ebenfalls zur Fähre wollte. Da kam ihr blitzartig eine Idee. Sie nahm ihren Koffer, warf ihn in seinen Wagen und bat den Mann, ihn für sie auf das Schiff zu bringen, damit sie ihn nicht zu Fuß vom Parkplatz, wo sie ihr Auto abstellen wollte, bis an Bord ziehen musste.

Attilio, so hieß der Besitzer des Kabrios, war geschieden und hatte mit seiner sehr viel jüngeren Frau zwei kleine Kinder. Den ganzen Sommer über machte er Giovanna den Hof. Sic ließ zwei Monate verstreichen, ehe sie darauf einging, und zum ersten Mal nach ihrer Trennung von Tommaso verspürte sie wieder jene sexuelle Leidenschaft, zu der sie sich schon gar nicht mehr imstande gefühlt hatte.

Doch mit der Zeit ist die Leidenschaft verglüht; manchmal allerdings täuscht sie sie noch vor. Für sie ist das ein ernst zu nehmender Hinweis, denn sie ist überzeugt, dass der Körper niemals lügt und oft offenbart, was man sich nicht einmal selbst eingesteht. Sie würde sich wünschen, dass Attilio sich wenigstens im Vorfeld etwas mehr einfallen ließe, aber er kommt immer sofort zur Sache. Männer stellen eine Beziehung her, indem sie Sex machen, das ist die Sprache, über die sie Intimität schaffen, ihre liebenswertesten und verletzlichsten Seiten zum Ausdruck bringen. Sie weiß das, man hat es ihr in ihren Therapien immer und immer wieder gesagt. Dennoch hat sie das Bedürfnis, eine Verbindung herzustellen, bevor sie zum Sex übergeht. Sie muss wissen, dass sie bewusst gewählt wurde. Sie verlangt nicht viel, aber ein Essen in einem Restaurant der gehobenen Klasse, mit Hintergrundmusik und Kerzenschein, wäre schon hilfreich.

Sonst wird sie sich früher oder später so fühlen, als säße sie vor einem Teller aufgewärmter Suppe. Und dann wird ihr auch noch das letzte Restchen Energie fehlen, um sich auf ein neues Abenteuer einzulassen. Irgendwann häufen sich im Leben so viele Enttäuschungen auf, dass sie einen Käfig bilden, aus dem auszubrechen immer schwieriger wird. Trotz allem aber verbringt sie weiterhin jeden Urlaub mit ihm. Immer noch besser, als allein zu sein.

12

Die schönste Liebe meines Lebens

Es ist bereits ein Glück, lieben zu können,
selbst wenn man alleine liebt

Théophile Gautier

Es war das Letzte, was ich erwartet hätte. Jahrelang war ich entspannt und zufrieden gewesen.
Die Aufregungen des Arbeitslebens waren vorbei. Infolge der Wirtschaftskrise hatte das große
Modehaus, für das ich als Designerin gearbeitet hatte, dichtgemacht. Ich entwarf noch kleine
Kollektionen für eine liebe Freundin, die eine
Boutique in Berlin hatte, aber mir blieb jetzt
Zeit für meine Freunde, Reisen, meine Interessen und für meine Kinder, die beide glücklich
verheiratet sind.

Ich lebe allein. Ich hatte eine Reihe von Liebschaften, einige davon auch ernst, aber nach
einer traumatischen, sehr frühen Ehe wollte ich
mich nicht mehr binden. Mein letzter Partner
und ich sind ohne Groll auseinandergegangen.
Wir sehen uns ab und zu, fahren manchmal mit-

einander in Urlaub und sind gute Freunde geblieben. Mehr aber nicht. Ich trauerte keinem Liebesleben nach, es fehlte mir nicht. Und der Gedanke, dass sich daran etwas ändern könnte, kam mir erst gar nicht.

Ein paar Jahre zuvor hatte ich mir einen Traum erfüllen können – den Traum vieler Deutscher meiner Generation – und mir ein kleines Landhaus in der Toskana gekauft. Solange ich arbeitete, hatte ich dort nur wenige Wochen im Jahr verbringen können. Jetzt beschloss ich, den größten Teil meiner Zeit dort zu leben und in Berlin nur eine Zweitwohnung zu halten. Doch um auf Dauer dort wohnen zu können, musste ich das Haus erst umbauen. Ich beauftragte eine Firma vor Ort mit den Arbeiten, und um sie besser überwachen zu können, mietete ich mir ein Zimmer in einem nahe gelegenen Bauernhof, der auch Touristen beherbergte und verpflegte.

Am Anfang war ich besorgt. Die Firma war mir empfohlen worden, aber ich kannte sie nicht. Doch ich merkte bald, dass die Leute gute Arbeit leisteten. Zweifellos war das ihrem Chef zu verdanken, einem sehr zurückhaltenden Mann, der meiner Schätzung nach um die fünfzig war. Nach einiger Zeit, ich weiß nicht, warum, fing ich an, ihn genauer zu beobachten: Wie er arbeitete, wie er sich verhielt, wie er sprach – und ich war beeindruckt. Gelassen, schweigsam und auf seltsame Weise geheimnisvoll, führte er mit fester, ruhiger Hand das Kommando. Die Arbeiten waren genauestens durchgeplant worden; unaufgeregt wies er jede Bitte um Änderungen zurück, selbst wenn ich als Bauherrin sie wünschte. Das bereitete mir merkwürdigerweise ein perverses Vergnügen. Ohne die Stimme zu erheben, ohne je ein Wort mehr als notwendig zu sagen, ohne je die Geduld zu verlieren, behielt er die Kontrolle über die Situation, auch dann, wenn es gelegentlich größere Spannungen und Schwierigkeiten gab. Er war absolut nicht so, wie Deutsche sich den typischen Italiener vorstellen. Wortkarg, auf fast rührende Weise bescheiden und dennoch außerordentlich kompetent, vermittelte er den Eindruck, dass er alles im Griff habe.

War er ein schöner Mann? Am Anfang hätte ich das nicht gesagt. Erst später ließ ich mich von seinen verwirrend blauen Augen faszinieren. Bei der Arbeit war er ernst, konzentriert. Wenn es mir gelang, ihm ein Lachen zu entlocken, was selten genug vorkam, dann hellte sich seine Miene auf bezaubernde Weise auf. Was mich aber ganz aus dem Konzept brachte, das war seine Sicherheit, seine Fähigkeit, scheinbar unlösbare Probleme zu lösen. Praktische Probleme, etwa wie man mit noch feuchten Blättern und Zweigen Feuer macht oder wie man einen

Kurzschluss behebt. Da war ich also, die eingefleischte Feministin, die unabhängige Frau, die sich selbst genug und immer stolz darauf gewesen war, mit Anstand allein über die Runden zu kommen – und da war er, stark, seriös und zuverlässig. Ein Mann, der ihre Probleme lösen konnte und sich – zumindest schien es so – um sie kümmerte. Die hartgesottene Feministin wurde weich. Während ich zuschaute, wie er den Kurzschluss behob, durchzuckte mich ein Blitz: Ich hatte mich leidenschaftlich in ihn verliebt!

Vorbei war es mit der Entspanntheit, dem Schlaf, dem Appetit. Tag und Nacht dachte ich an ihn; ich konnte mich auf nichts mehr konzentrieren. Eine Stimme in meinem Inneren rief: »Francesco…«, und eine andere fuhr sofort dazwischen: »Hör auf damit! Es ist unmöglich. Er interessiert sich bestimmt nicht für dich. Außerdem ist er verheiratet und hat Kinder.« Aber dann ließ sich die erste Stimme wieder vernehmen: »Francesco, Francesco…« Ans Arbeiten war nicht mehr zu denken. Zum ersten Mal in meiner Karriere gelang es mir nicht, eine Kollektion in der vorgesehenen Zeit auf die Beine zu stellen. Ich las Liebesgedichte, vor allem solche von Giacomo Leopardi. Mich peinigten Sehnsüchte, Leidenschaften und Qualen, die lange Zeit im Tiefschlaf gelegen hatten. Ich befand mich in einem Zustand der Ekstase.

Ich unternahm übermenschliche Anstrengungen, um ihn nichts von diesen unbeschreiblichen Gefühlen merken zu lassen. Ich wollte ihn nicht vor seinen Arbeitern in Verlegenheit bringen oder Anlass zu Tratschereien im Dorf geben. Nicht einmal meinen Freunden konnte ich davon erzählen; sie hätten mich nicht nur gnadenlos ausgelacht, sondern auch hinter meinem Rücken darüber getuschelt. Wenn ich mit ihm allein war, sagte ich nichts, aber möglicherweise verrieten mich meine Augen; ich war zu sichtbar verwirrt und aufgeregt. Kaum einen vernünftigen Satz brachte ich mehr heraus. In den schlaflosen Nächten packte mich die Angst: »Er hält mich wohl für total übergeschnappt!«

Ich konnte in seinen Augen lesen, dass er etwas bemerkt hatte – und dass ihm das nicht unangenehm war. Vielleicht gefiel ich ihm. Trotzdem hielt er nach wie vor eine unsichtbare Schranke zwischen uns aufrecht. Während sich in dieser Gegend alle duzen, blieb er unerschütterlich beim Sie. Mehrmals bat ich ihn, mich Brigitte zu nennen, doch für ihn blieb ich immer die »Signora«. Unsere Unterhaltungen waren befangen, ein bisschen gekünstelt. War es Schüchternheit bei ihm oder der feste Vorsatz, Abstand zu halten? Wahrscheinlich werde ich es nie erfahren. Wenn wir uns, was selten vorkam, einmal über etwas anderes als die Arbeiten im Haus unterhielten, ging es um die Gartenarbeit. Manchmal wünschte ich mir, er wäre »italienischer«, extrovertierter, weniger reserviert.

Jedes Mal nahm ich mir vor, mit ihm über meine Gefühle zu sprechen, aber ich schaffte es nicht. Nie hatte es mir auch nur die geringste Schwierigkeit bereitet, mit Menschen zu reden, auch nicht mit Leuten, die mich befangen machten. Jetzt dagegen hielt ich einfach nur den Mund, wie ein kleines Mädchen.

Die Wahrheit ist, dass ich Angst hatte. Ich fühlte mich nicht alt, aber ich war überzeugt, dass er mich als alte Frau wahrnahm – jedenfalls als eine, die älter war als er. Während in Berlin oder anderen Großstädten der Altersunterschied vielleicht kein besonderes Problem mehr ist, kann man in diesen Gegenden dem Vorurteil und der Tradition nicht entgehen. Nicht, dass ich Angst gehabt hätte, er könnte mich beleidigen oder mir ins Gesicht lachen – dazu ist er viel zu anständig und wohlerzogen. Doch ich fürchtete, dass ich ihn in Verlegenheit bringen könnte. Und das wäre noch grausamer gewesen. (Die Möglichkeit, er könnte meine Gefühle erwidern, schien mir zu abwegig, als dass ich sie überhaupt in Betracht gezogen hätte.) Solange nichts ausgesprochen wurde, konnte ich ihn insgeheim lieben, ohne zu leiden. Zurückgewiesen zu werden, vor allem aufgrund des Alters, wäre mir unerträglich gewesen.

Schließlich waren die Arbeiten beendet. Als mir klar wurde, dass ich ihn nicht mehr sehen würde, höchstens vielleicht einmal durch Zufall, stürzte ich in eine tiefe Depression. Gerade war in Deutschland mein erster Enkel zur Welt gekommen, eine Quelle von Freude und zugleich von Schmerz. Wie ein Teenager verknallt zu sein, während man Großmutter wird – das zu erleben wünsche ich wirklich niemandem.

Langsam begann die Leidenschaft zu verglühen. Aber geheilt bin ich noch nicht. Und vielleicht werde ich es nie sein. Ich denke an ihn. Er fehlt mir, fast jeden Tag. Trotz ihrer Absurdität bleibt diese seltsame unerklärte und unerfüllte Liebe zu einem Mann, den ich kaum kenne und nie sehe, die schönste meines Lebens.

13

Männer, Frauen und Fantasien

Denn das Leben ist die Liebe
und des Lebens Leben Geist

Johann Wolfgang von Goethe,
West-östlicher Divan

»Sie haben einen sehr schönen Körper.« Trotz der Schmerzen im Nacken, die sie daran hinderten, den Kopf richtig zu drehen, warf Livia ihm einen strengen Blick zu und demonstrierte so ihre Entschlossenheit, weitere lächerliche Schmeicheleien im Keim zu ersticken. Wenn man auf die siebzig zugeht, wird das Verhältnis zum medizinischen Personal immer ungemütlicher. Einige, ihr Augenarzt zum Beispiel, behandeln sie wie ein kleines Mädchen: »Legen Sie das Kinn hier drauf, meine Liebe, kommen Sie ein bisschen näher, und schauen Sie stur geradeaus. Sehr brav! Wir brauchen nichts zu ändern, Sie können die Brille vom letzten Jahr behalten.« Und jetzt auch noch der Osteopath! Wann immer sie kann, entscheidet sie sich für Mediziner weiblichen Geschlechts. Aber einen weiblichen Osteopathen kannte sie nicht. Und ihr bisheriger, zu dem sie seit Ewigkeiten gegangen war, laborierte noch immer an den Folgen eines Motorradunfalls. Deshalb saß sie jetzt hier auf der Bank, nackt bis auf den Slip, wie die Sprechstundenhilfe es ihr geraten hatte.

Er ist ein hübscher junger Mann, der ihr Sohn sein könnte. Strahlende Augen, sanftes Lächeln. Er stammt aus Osteuropa, erzählt von den schneebedeckten Feldern, über die er auf seinem Weg zur Schule stapfte. Er blendet das Licht ab. Dann hebt er ihr rechtes Bein mit angewinkeltem Fuß hoch, bis es ein L bildet, streckt es vorsichtig wieder aus, beugt es noch einmal und schiebt es in Richtung ihrer Brust, legt ihr die Hand mit leichtem Druck auf den Bauch und führt mit ihrem Bein eine Kreisbewegung um die Hüfte aus. Die gleiche Prozedur mit dem linken Bein, der gleiche sanfte Druck gegen ihren Bauch. Er nimmt ihre Hände, und als er beginnt, ihr die Finger zu strecken, stößt Livia einen spitzen Schrei aus. Sie erklärt ihm, dass sie sich vor nicht allzu langer Zeit den Mittelhandknochen gebrochen hat – eine Fraktur mit Knochenverschiebung – und dass ihr jetzt eine winzig kleine Titanplatte schreckliche Schmerzen verursacht, wenn ihr jemand zu fest die Hand drückt. Da nimmt er ihre Hand, führt sie an seine Lippen und haucht einen Kuss darauf. »Wie wir als Kinder sagten: Ein Kuss, und der Schmerz ist wie weggeblasen«, sagte er lächelnd. Sie ist zu verblüfft, um eine Antwort zu finden.

Beim nächsten Termin wuchs das Staunen, denn es war schwer, zwischen einem Druck und einer Liebkosung zu unterscheiden. Während er jeden ihrer Rückenwirbel betastete, spürte sie seinen Blick auf ihrem Rücken, ihren Schultern, ihrem Nacken. Schon seit Jahren dachte sie nicht mehr an Sex. Sie wusste, dass die Jugend das erste Attribut der Schönheit ist, dass ein älterer Mann eine Frau haben kann, die halb so alt ist wie er, und dafür sogar noch bewundert wird, während für eine Frau ab einem gewissen Alter nicht mehr verfügbar ist, was sie gerne hätte. Ja, je älter sie wurde, desto mehr wuchsen ihre Erwartungen an die Männer – in umgekehrt proportionalem Verhältnis zu den Karten, die sie noch auszuspielen hatte.

Wenn du beim Betreten eines Zimmers zum ersten Mal spürst, dass dein Körper unsichtbar, ja durchsichtig geworden ist, trifft es dich wie ein Keulenschlag, doch am Ende richtest du dein ganzes Denken danach aus. Du gewöhnst dich daran, dass sich um die sechzig der Sex aus den Betten verflüchtigt. Nach ein paar schmerzlichen Liebschaften und anderen, die in ihr nur gemischte Gefühle ausgelöst hatten, war das

151

Thema Sexualität für sie abgehakt. Wenn sich ihr eine Gelegenheit bot, ging sie ihr aus dem Weg oder vertagte die Sache: besser mit einem guten Buch ins Bett zu gehen, als mit dem falschen Mann.

In der folgenden Nacht konnte sie nicht einschlafen. Sie fand die Ruhe nicht wieder, die sie sonst überkam, wenn sie sich in ihrem mit Büchern bedeckten Bett ausstreckte. Die sanften, unkonzentrierten Bewegungen auf ihrem Rücken spukten ihr im Kopf herum wie eine Melodie, die einem nicht aus dem Sinn geht. Schon der bloße Kontakt mit diesem Fremden hatte seit Jahren verschüttete Gefühle wieder in ihr aufblühen lassen. Zum ersten Mal wurde ihr bewusst, wie allein sie war. Und wie sehr sie auf Sparflamme lebte, während um sie herum ganze Ströme von Glück flossen, zu denen sie keinen Zugang hatte. Ihr Blick fiel auf die Fotos auf ihrer Kommode: Da war sie, glücklich, mit ihrem zweijährigen Sohn, im Hintergrund der Petersdom, und da war sie noch einmal, unbeschwert und sorglos, auf einem Ausflug mit einer Gruppe Schulkameraden. Was hätte dieses Mädchen gesagt, wenn es in die Zukunft hätte schauen können? Als sie mit vierzig einmal schwer erkrankt war, hatte sie auf der Intensivstation eine positive Bilanz ihres Lebens gezogen. Sie hatte nichts zu bereuen. Doch seit damals hatte sich nur ihre berufliche Situation gefestigt. Das war für Frauen ihres Alters, die eher durch Zufall als durch Berufung in ihre Laufbahn gelangt waren, schon ein schöner Erfolg, tröstete sie sich.

Aus Ehrlichkeit gegen sich selbst brach sie, sobald die Nackenschmerzen nachließen, die Behandlung ab. Doch auf einer Dienstreise knickte sie nach einem Streit mit dem Taxifahrer, der sie an den falschen Ort gebracht hatte, beim Aussteigen in einem kleinen Schlagloch um und brach sich eine Rippe. Nach ihrer Rückkehr rief sie in der Praxis des Osteopathen an, um einen Termin zu vereinbaren. Er begrüßte sie wie eine alte Freundin. Oder eine Geliebte. Er habe nicht daran gezweifelt, sie bald wiederzusehen. Als sie auf der Bank saß und den linken Arm hob, um ihm die Schwellung im Bereich der Fraktur zu zeigen, streiften seine Finger wie zufällig ihre Brüste, genau im Zentrum, und wanderten weiter zu ihren Brustwarzen. Er spürte ihre Erregung, zog die Hand aber nicht zurück. Er lächelte sie an: »Hier ist auch etwas geschwollen«, sagte er. Dann küssten sie sich zum ersten Mal.

Am nächsten Tag rief er sie an. Er stehe mit seinem Mofa vor ihrem Haus und wolle ihr ein Schmerzmittel für die gebrochene Rippe bringen, murmelte er. Was er brachte, war ein kleines Blumensträußchen. Als er wegging, brach eine Sturzwelle von Gefühlen über sie herein. In seiner Gegenwart hatte sie sich sehr zusammengenommen, aber ihr Herz war in Aufruhr gewesen. Um sich zu beruhigen, musste sie sich der Fantasie hingeben, er würde zurückkehren und die ganze Nacht mit ihr verbringen.

Dazu kam es nie, auch wenn sie sich weiterhin trafen. Es war schwierig, vom Du dieser kurzen Momente zum Sie der Behandlungen in seiner Praxis überzugehen. An Tagen, an denen sie einen Termin hatte, war sie den ganzen Tag unfähig zu arbeiten. Sie war wie berauscht vom Fluidum sexueller Anziehung: Sie bewegte sich lockerer, und wenn sie ihn ansah, spürte sie etwas Irisierendes in ihrem eigenen Blick. Sie bemühte sich, nicht zu früh zu den Behandlungsterminen zu erscheinen, und versuchte, gegenüber der Sekretärin und den anderen Mädchen in der Praxis eine möglichst unbefangene Haltung an den Tag zu legen. Sie alle verfügten über ein unschätzbares Gut, dessen sie sich nicht bewusst waren: Jugend. Was würde sie nicht alles machen, wenn sie noch einmal so jung wäre! Doch auch für diese Mädchen würde die Zeit vergehen. Eines Tages würden auch sie feststellen, dass zwischen dem, was sie hätten haben können, und dem, was ihnen durch eigene Schuld entgangen war, eine unüberbrückbare Kluft lag.

Während er sich über sie beugte und auf einen Rückenwirbel nach dem anderen drückte, hörte sie ihr Herz klopfen. Oder war es seines? Als sie ging, fragte sie sich, ob er an diesem oder am nächsten Tag anrufen oder plötzlich an ihrer Tür klingeln würde. Warum ist Sex so wichtig?, überlegte sie. Weil Sex dir das Gefühl einer herrlichen Einzigartigkeit gibt, hatte Martin Walser mit Bezug auf sein Buch *Ein liebender Mann* gesagt, das die Geschichte der großen Leidenschaft des dreiundsiebzigjährigen Goethe für die blutjunge Ulrike von Levetzow erzählt. Die Lust hat nur sich selbst zum Zweck, aber das ist ein wunderbarer Zweck, meinte Walser; das Fehlen von Sex dagegen lähmt und entpersönlicht. Diese Worte hatten sie sofort irritiert. Es ärgerte sie, dass Männer ständig versuchten, ihre Vitalität und Männlichkeit durch die Begegnung mit immer jüngeren Frauen zu perpetuieren, ein Thema, dem Walser mehrere Romane gewidmet hat. Jetzt aber war sie beinahe bereit, ihm recht zu geben.

Genug, sagte sie sich auch dieses Mal, genug mit dieser Quälerei. Doch dann rief sie wieder an.

14

Das Rampenlicht brennt noch

Das Leben wird gegen Abend, wie die
Träume gegen Morgen, immer klarer.

Karl Julius Weber, *Demokritos*

»Ich stelle mir vor, ich bin am Meer, am Strand,
wo wir heute baden waren. Rechts erhebt sich
eine hohe weiße Klippe. Es ist Nacht. Wir sitzen
auf dem Badetuch, ich auf dir, die Wellen umspü-
len unsere Beine. Du hältst meine Hüften um-
fasst, ganz fest, und bewegst mich hin und her.
Dann lasse ich mich nach hinten fallen, und
meine Hände greifen in den feinen, salzigen
Sand…« Seit sie zum ersten Mal miteinander
Sex hatten, hatte er ihr beigebracht, darüber zu
reden, ihm zu erzählen, was ihr durch den Kopf
ging, ihrer Fantasie nicht für sich allein freien
Lauf zu lassen, sondern ihn daran teilhaben zu
lassen, ihn mitzureißen. Auf diese Weise hatte
sie die Sexualität entdeckt. Bis dahin hatte sie
dem Sex nicht viel Bedeutung beigemessen.
Laura war etliche Jahren verheiratet gewesen –

glückliche Jahre, wie ihr schien; sie fühlte sich wohl bei ihrem Mann. Zwischen ihnen herrschten Zuneigung, Solidarität und Einverständnis. Beide gingen davon aus, dass ihre Ehe ein Leben lang halten würde. Sex gab es natürlich auch, aber für sie spielte er keine so wichtige Rolle. Vielleicht weil man, zumindest auf dem Land, wo sie wohnte, vor der Heirat zum Thema Sex kein Wort zu hören bekam. Und im Kino – was sah man damals schon? Da war die Liebe, eine Leidenschaft flammte auf, dann – zack, Schnitt. Und die Zigarette danach.

Nach mehreren Jahren ging ihre Ehe in die Brüche. Vielleicht war für ihren Mann Sex wichtiger, als ihr bewusst war, vielleicht hätte er ihn sich gewünscht, aber nicht gewusst, wie er sie darum hätte bitten sollen. Und mit ihr darüber reden – das hatte er nicht gekonnt. Nach ihrer Trennung war sie auf Sizilien gelandet. Der Leiter des Gymnasiums in Spoleto, an dem sie Philosophie unterrichtete, hatte erkannt, dass sie sich in einer schwierigen Lebensphase befand, und ihr zu einer Versetzung verholfen. An einem Gymnasium in Palermo sei eine Stelle frei, ob sie sich dafür interessiere, hatte er sie gefragt. Und so war sie in den Süden gezogen.

In Palermo hatte sie Dario kennengelernt. Er war zwölf Jahre jünger als sie und studierte Architektur. Sie war es, die ihn fragte, ob er sie in ein Dorf begleiten wolle, wo sie mit den Eltern einer ihrer Schülerinnen reden wollte. So begann eine Liebe, ja eine Leidenschaft. Zum ersten Mal erlebte sie das, was man eine leidenschaftliche Liebe nennt. Dario stellte sie seiner Familie vor, die in Caltabellotta lebte. Es war eine typisch sizilianische Familie, die an jedem Sonn- und Feiertag vollzählig beisammensaß. Großeltern, Neffen, Nichten, Vettern, Cousinen, Geschwister, Schwäger und Schwägerinnen – alle versammelten sich um den üppig gedeckten Tisch zu einem gehaltvollen, nicht enden wollenden Schmaus. Niemand in der Familie wusste, dass sie älter war als Dario; in einem sizilianischen Dorf wäre ein so großer Altersunterschied ein Skandal gewesen. Die Leute tuschelten sogar über einen Prominenten aus dem Ort, dessen Frau sich für ein Jahr jünger ausgab, damit ihr Mann nicht schief angesehen wurde. Laura hatte schon immer das Glück gehabt, jünger auszusehen; alle in ihrer Familie wirkten viel jünger, als sie waren. Deshalb kamen auch keine Zweifel auf, weder in Darios Familie noch im Dorf, alle hielten sie und Dario für gleich alt. Aber welche Mühe das kostete! Die Altersfrage wurde allmählich zur Obsession.

Das war wohl der Hauptgrund dafür, dass sie nicht heirateten. Laura hatte Angst, weil durch eine Eheschließung der Altersunterschied von zwölf Jahren zwangsläufig ans Licht gekommen wäre. Dario hatte sich dem Thema nie gestellt, aber auch ihm schien bei dem Gedanken nicht wohl zu sein, denn er widerstand dem fortgesetzten Drängen seiner Mutter, die eine große Hochzeit feiern wollte.

Nach fünfzehn Jahren verließ Dario sie. Er machte sich mit einem ganz jungen Mädchen aus dem Staub und brachte die klassischste aller Ausreden vor: Ich will ein Kind. Sie kam sich plötzlich vollkommen leer vor. Nur ein einziger Gedanke brannte in ihr: Sie wurde sitzen gelassen. Es kam ihr vor, als wäre sogar ihr Körper zu einem bloßen Abziehbild von ihm, seinen Bewegungen, seinen Worten geworden. Manchmal schlief sie auf dem Sofa im Wohnzimmer, um sich nicht dem Grauen des leeren Bettes aussetzen zu müssen. Sie fühlte sich wie eine alte Frau, die alles verloren hat.

Obwohl sie schon kurz vor der Pensionierung stand, kamen ihr noch einmal der Beruf und der Respekt zu Hilfe, den sie bei Kollegen und Schülern genoss. Sie beschloss, in Mailand einen Meditationskurs zu besuchen; die Atemübungen halfen ihr, eine Dimension ihrer Körperlichkeit wiederzuentdecken, und so lernte sie, ihren Körper neu zu erleben.

Sie übte sich darin, den eigenen Blick zurückzugewinnen, nicht mehr zu fragen, wie die anderen sie sahen, und stattdessen selbst mehr nach außen zu schauen. Sie stellte fest, dass der eigene Blick ein vitales, starkes Gefühl hervorrief, das ihr unverhofft neue Verführungskraft verlieh. Wenn du dich mit dir selbst wohlfühlst, gelingt es dir, auch die anderen von deinem Wert zu überzeugen.

So lernte sie Mario kennen. Er war kein Intellektueller, hatte keine Universität besucht. Er arbeitete in einer Baufirma und gehörte zu den Leuten, die das Leben genießen und denen es auf dem Land gefällt. Zusammen machten sie eine Wanderung über den Apennin. Ein herrlicher Frühlingstag. Das üppige Grün der Wiesen und die frisch verjüngt glänzenden Olivenbäume lösten in ihr eine Freude aus, die sie, wie ihr schien, noch nie empfunden hatte. Die gleiche ungetrübte Freude, die sie verspürte, wenn sie Sex hatten.

Aber sie war ein reiner Verstandesmensch, und vielleicht war ihr dieses Gefühl zu schlicht, vielleicht war sie auch immer noch in Dario verliebt und hoffte auf eine Versöhnung. Wie auch immer: Tatsache ist, dass sich die Beziehung mit Mario nach einiger Zeit lockerte. Heute ist sie wieder allein, doch sie weiß, dass das Leben sie gestählt hat. Sie wird sich nicht geschlagen geben. Noch hat sie auf nichts verzichtet, sagt sie sich. Das Rampenlicht scheint noch auf die Bühne, das Spiel kann von Neuem beginnen.

15

Wann beginnt das Alter?

Lieben ist für den Jugendlichen ein Gewinn, für den Greis ein Verbrechen

Publilius Syrus

Was fangen wir mit den dreißig zusätzlichen Jahren an, die uns in einer Spanne von knapp hundert Jahren geschenkt wurden? In Italien lag die Lebenserwartung zu Beginn des 20. Jahrhunderts für Frauen bei achtundvierzig und für Männer bei fünfundvierzig Jahren; heute sind es 85,1 beziehungsweise 79,3 Jahre. Und dabei belegen die Italiener, weltweit gesehen, nicht einmal den ersten Platz, den seit Langem die Japaner einnehmen, und zwar nicht, wie man meinen könnte, weil sie so viel Fisch essen. In Europa halten die Franzosen den Rekord, die bekanntlich große Konsumenten von Wein und Käse sind, von Dingen also, von deren häufigem Verzehr Ernährungswissenschaftler strikt abraten. Alt werden ist noch immer die einzige Möglichkeit, lange zu leben, schrieb Hugo von Hofmannsthal. Und nie zuvor stand dafür so viel Zeit zur Verfügung. Die Wahrheit ist, dass alle alt werden wollen, aber niemand alt sein will, auch wenn es den Alten noch nie so gut ging und sie noch nie so gesund waren wie heute.

Weisheit und Abgeklärtheit waren einst typische Merkmale des Alters. Das galt vor allem für die Männer. Heute scheint der Wunsch nach Ausgeglichenheit immer mehr dem nach Authentizität zu weichen. Dem Wunsch, authentisch zu sein, und das heißt, das zu tun, was den ureigenen Wünschen entspricht. Und sich darüber klar zu werden, wie wir leben wollen, was wir wirklich möchten – ein Prozess, der einsetzt, sobald wir uns dem Rentenalter nähern, die Karrierechancen abnehmen und wir zur Kenntnis nehmen müssen, dass auch für uns die Zeit vergeht.

Während der Mann in früheren Jahrhunderten mit dem Alter weiser wurde und dadurch einen besonderen Status erwarb – der heute aufgrund der neurotisierenden Einführung von Viagra vielleicht unrettbar verloren ist –, hatte die Frau zu keiner Zeit einen Platz an der Sonne. Nur allmählich erhielt ihr Image positive Konnotationen. Die Literatur – wir sprechen hauptsächlich von der westlichen Literatur – bietet uns einen interessanten Überblick über die Veränderungen, die sich im Zusammenhang mit der weiblichen Gefühlswelt vollzogen haben. Es geht uns hier nicht darum, einen Diskurs über die Rolle der alten Kupplerin vom Zaun zu brechen, wie sie das Lustspiel vom klassischen Altertum bis hin zu Molière präsentiert. Vielmehr blicken wir, wenn auch nur sehr schematisch, auf den großen sentimentalen Roman, der seit dem 18. Jahrhundert die Gestalt der Frau in der kollektiven Fantasie geformt hat. Hier wurde die Frau wegen ihrer Schönheit und Sinnlichkeit zunächst übermäßig idealisiert; alterte ihr Körper aber, stürzte sie brutal ab. Am schlechtesten und am schnellsten alterten Frauen, die sich weigerten, die Pflichten einer Ehefrau und Mutter auf sich zu nehmen. Einzig die Gründung und Versorgung einer Familie nach gesellschaftlich akzeptiertem Vorbild konnte die Frau vor dem Verlust ihrer Verführungskraft bewahren. Wenn das nicht möglich war oder sie sich dem Rollenmodell der ergebenen Gattin widersetzte, wurde sie an den Rand der Gesellschaft gedrängt. Eine illegitime Liebe (die natürlich unglücklich endete) beschleunigte den Alterungsprozess noch weiter – zumal wenn eine schon etwas ältere sittenlose Geliebte mit einem schönen und keuschen Mädchen konkurrierte, das der junge Mann heiraten wollte oder musste, sobald er sich aus ihren Klauen befreit hatte.

Die einzige akzeptierte soziale Tugend der

alten Frau war Selbstverleugnung: Sie hatte alles zu geben, ohne etwas zu fordern. Dieses Bild hat die Frau über Generationen hinweg begleitet. Als wir in den Achtzigerjahren das bereits erwähnte Buch über die vierzigjährigen Frauen schrieben, ergaben unsere Recherchen eindeutig, dass Frauen, die sich mit der Mutterrolle identifizierten, das Verstreichen der Zeit nicht wahrnahmen und sich über das Verblühen ihres Körpers keine Gedanken machten.

Balzac war der Erste, der in dem Buch *Die Frau mit dreißig Jahren* (Original erschienen 1842) diese Ungerechtigkeit anprangerte. Er lässt die Protagonistin, Julie d'Aiglemont, zu einer Freundin sagen, dass ein Ehemann sie ebenso hässlich, leidend und alt machen würde, wie sie es heute sei. Selbst George Sand, die ein so ungewöhnlich freies Leben geführt hatte, verfolgte im Alter eine Defensivstrategie. Sie stritt ab, dass das Alter einen unumkehrbaren Abstieg bedeute: Im Alter wachse man, schreibt sie in ihrem *Intimen Tagebuch*, und mache überraschende Sprünge. Man fühle sich stärker und lebendiger als in der Jugend, sodass man sich »mit größtem Vergnügen« ins eiskalte Wasser stürze, ohne sich zu erkälten. Doch irgendwann beschloss sie, sich »wie eine alte Dame« nach Nohant zurückzuziehen. Sie sei ganz gelassen, bemerkte sie dazu, sie erlebe ein geistig keusches Alter, trauere der Ju-

gend nicht nach und strebe keinen Ruhm an...
Wenige Jahre vor ihrem Tod schrieb sie noch die
*Contes d'une grand-mère (Erzählungen einer Groß-
mutter)*, die 1872 erschienen.

Im 20. Jahrhundert sind es die Schriftstelle-
rinnen selbst, die die Diskriminierung älterer
Frauen brandmarken und neue Vorstellungen
von Weiblichkeit präsentieren, um die Erfahrung
des Älterwerdens aufzuwerten. Aber es vergingen noch fast hundert Jahre, bis Simone de Beau-
voir ein theorielastiges Buch über die Schwierigkeiten vorlegte, denen Frauen begegnen, wenn
sie sich aufgrund ihres Alters Diskriminierungen
ausgesetzt sehen. Das Altern des weiblichen Körpers ist, vor allem im Zusammenhang mit der Sexualität, nach wie vor mit einer negativen Sicht-
weise verknüpft. Einzige Ausnahme: der Roman
von Marguerite Duras, in dem nicht nur über die
Sexualität der Frau, sondern insbesondere auch
über die sexuelle Beziehung zwischen einer reifen Frau und einem wesentlich jüngeren Mann
gesprochen wird: »Ich kenne Sie seit jeher. Alle
sagen, Sie seien schön gewesen, als Sie jung waren, ich bin gekommen, Ihnen zu sagen, daß ich
Sie heute schöner finde als in Ihrer Jugend, ich
mochte Ihr junges Gesicht weniger als das von
heute, das verwüstete.« Wie Annette Keulhauer
in der Zeitschrift *Gérontologie et société* schreibt,
wird »diese Art, das Alter jener Frauen zu be-

trachten, die nicht nur eine Befreiung von den gesellschaftlichen Normen, sondern auch von den sexuellen Tabus mitgetragen haben, auch heute noch als Regelverletzung empfunden«.

Wer alt und glücklich ist, kann sich für jung halten

Unsere Reise zu den Frauen, die heute siebzig und älter sind, hat uns Einblick in eine neue Dimension weiblicher Lebenswirklichkeit gewährt. Nach der Verlängerung des menschlichen Lebens, zumindest in unseren Breiten, erleben wir jetzt auch dank der veränderten Rolle der Frau in der Gesellschaft die Herausbildung einer neuen Art des Älterwerdens. Auch in der Vergangenheit hat es Liebe und Leidenschaft im reifen Alter gegeben, doch sie galten als Ausnahme oder gar als Verirrung. Heute aber – vielleicht weil wir länger leben und gesünder und fitter sind, vielleicht weil die Frauen ein anderes Bild von sich selbst und andere Erwartungen haben – deutet alles darauf hin, dass Liebe und Sex sich zu normalen Komponenten des Alterns entwickeln. Nicht zufällig greifen auch die Medien das Thema auf und tragen so dazu bei, Tabus zu brechen und es den Älteren leichter zu machen, offen über ihre sexuellen Erfahrungen zu sprechen.

Natürlich gilt das nicht für alle Frauen, vielleicht nicht einmal für die Mehrheit. Viele über Siebzigjährige leben in glücklichen Ehen, andere haben ihr Liebesleben ohne Bedauern hinter sich gelassen (ohne allerdings ganz gegen Amors Pfeile gefeit zu sein). Es gibt auch Frauen, die dieses Kapitel gern noch einmal aufschlagen würden, deren bisherige Versuche aber alle scheiterten. Wieder andere wiegen sich, wie einige der von uns Befragten, in der Illusion, ein neues Kapitel aufgeschlagen zu haben, und müssen dann grausame Enttäuschungen erleben.

In jedem Fall besteht der wichtigste Aspekt dieser Erlebnisberichte darin, dass alle Frauen, mit denen wir gesprochen haben, zu dem Schluss kommen, dass ihre Erfahrungen im Alter emotional und physisch intensiver, tiefer und erfreulicher sind als in jungen Jahren. Offensichtlich stehen Altersfalten, Schwabbelfleisch oder Rheumabeschwerden der sexuellen Lust nicht im Wege, ja nicht einmal die Zugehörigkeit der Partner zu verschiedenen Welten. Die Gesellschaft ist noch weit davon entfernt, sich von den Vorurteilen gegenüber reifen Frauen befreit zu haben; sie wird lernen müssen, Liebe und Sex im fortgeschrittenen Alter zu akzeptieren, ohne Giftpfeile à la Ovid abzuschießen, der behauptet hatte, die Liebe der Greise sei etwas Schändliches (»... turpe senilis amor«, *Amores* 1, 9, 4).

Dass sich wirklich etwas verändert hat, werden wir erst sagen können, wenn Filme wie *Wolke Neun* nicht mehr als mutiges Experiment eines Regisseurs angesehen werden und Sexualität und Liebe im reifen Alter in das normale kinematografische Angebot Einzug gehalten haben.

Schon heute ist es nicht leicht festzulegen, wann das Alter beginnt und ab wann wir uns für alt halten müssen. Aus den Vereinigten Staaten kommen Bücher zu uns herüber, die mit typisch amerikanischem Optimismus verkünden: Die Jugend beginnt mit siebzig! Da möchte man fragen: Warum so lange warten? Die vertretbarste und auch ermutigendste Schlussfolgerung ist die der Germanistin Hannelore Schlaffer, die in ihrem Buch *Das Alter. Ein Traum von Jugend* (Suhrkamp, Frankfurt/Main 2003) schreibt: »Eigentlich gibt es kein Alter, denn wer alt und glücklich ist, kann sich für jung halten.«

Dank

Allen Frauen, die in diesem Buch zu Wort kommen, bin ich sehr dankbar – Frauen, die ich nicht kannte und die mir ihre Lebensgeschichten erzählt und sich mit deren Veröffentlichung einverstanden erklärt haben. Besonderen Dank schulde ich Mila Spani, die einige der interessantesten Beiträge aufgezeichnet hat.

PENELOPE LIVELY

Familienalbum

Roman

Gebunden · 288 Seiten

Ein großes Haus, einen reichen Mann und viele Kinder hatte sich Alison für ihr Leben gewünscht. Und das Leben, so scheint es auf den ersten Blick, hat es gut mit ihr gemeint. Während ihr Mann Charles seine Bücher schreibt, ziehen Alison und Ingrid, das Au-Pair, eine Kinderschar groß. Es ist das alltägliche Familienchaos: kleine Grausamkeiten und große Gefühle. Und ein Geheimnis, das unter dem brüchigen Siegel der Verschwiegenheit gehalten wird.

»Man möchte beim Lesen gern glauben, dass es ganz kuschelig zugeht in dieser Familie, aber das gelingt nicht ganz. Irgendetwas stimmt nicht. Man lässt sich allerdings lange vom Duft des frisch gebackenen Zitronenkuchens einlullen, ehe man das merkt. Die Familiengeschichte wird im Rückblick erzählt. Von jedem der sechs Kinder. Das ist gut gemacht, witzig und spannend.«

Christine Westermann in frauTV

C. Bertelsmann

SVEN KUNTZE

Altern wie ein Gentleman

Zwischen Müßiggang und Engagement

Gebunden · 256 Seiten

Der Ernst des Arbeitslebens sitzt uns tief unter der Haut – das merkt man spätestens mit der ersten Rentenrate, meint Sven Kuntze, renommierter Journalist – im Ruhestand. Denn mit dem Ende geregelter Arbeit drohen Verlust des Selbstwertgefühls und Lebensunordnung. Kuntze erinnert sich zu Beginn seiner neuen Zeitrechnung, dass über Jahrhunderte Muße unser Lebensziel war, nicht Arbeit. Wie aus dem Arbeitenden ein Flaneur, ein entschleunigter Genießer wird, verfolgt er an sich und einigen Altersgenossen. Was Sven Kuntze in drei Jahren Ruhestand mit sich und anderen erlebt, mit Witz, Nachdenklichkeit und Lebensfreude kommentiert, gibt jedem Anlass, lange vor dem Ruhestand das »Schneller Höher Weiter« des Alltags kritisch zu beleuchten.

»Sven Kuntzes sehr persönliches, faktenreiches und gut erzähltes Buch über den letzten Lebensabschnitt vollbringt das Kunststück, den Leser für das Alter einzunehmen, ihn existentiell und nicht nur statistisch für den demographischen Wandel zu interessieren.«

FAZ

C. Bertelsmann

BASCHA MIKA

Die Feigheit der Frauen

Rollenfallen und Geiselmentalität.
Eine Streitschrift wider den Selbstbetrug

Klappenbroschur · 256 Seiten

Genug mit dem Geschlechtertheater! Frauen betrü-
gen sich selbst. Geben wir es zu: Wir Frauen haben
es vermasselt und pflegen unsere Geiselmentalität.
Wir fordern ein eigenes Leben und stolpern doch in
die selbstverschuldete Unmündigkeit. Wir reden von
Selbstbestimmung und erliegen doch der Faszina-
tion traditioneller Rollen. Rhetorisch sind wir emanzipiert, doch in der Praxis versagen wir jämmerlich.
Wir ordnen uns unter. Freiwillig. Weil es bequem ist,
weil wir Konflikte scheuen, weil wir davon profitie-
ren. Frauen sind zu feige.
Bascha Mika streitet gegen den weiblichen Selbstbetrug. Die Autorin fordert von sich und anderen Frauen
den Mut, dem selbstgewählten Rückfall in alte Rol-
lenmuster zu widerstehen.

*»Was Bascha Mikas Buch lesenswert macht, ist die Lei-
denschaft, mit der die Autorin gegen den weiblichen
Selbstbetrug anschreibt. Es ist eine Streitschrift, die mu-
tig Position bezieht.«*
ORF-Radio

C. Bertelsmann